타이밍

타이밍
인도 명상 학교 체험기

초판 1쇄 발행 2021년 9월 16일

지은이 오민아
펴낸이 장길수
펴낸곳 지식과감성#
출판등록 제2012-000081호

교정 김우연
디자인 정윤솔
편집 정윤솔, 이건영
검수 양수진, 윤혜성
마케팅 고은빛, 정연우

주소 서울시 금천구 벚꽃로298 대륭포스트타워6차 1212호
전화 070-4651-3730~4
팩스 070-4325-7006
이메일 ksbookup@naver.com
홈페이지 www.knsbookup.com

ISBN 979-11-392-0073-7(03810)
값 13,000원

- 이 책의 판권은 지은이와 지식과감성#에 있습니다.
- 이 책 내용의 전부 또는 일부를 재사용하려면 반드시 양측의 서면 동의를 받아야 합니다.
- 잘못된 책은 구입하신 곳에서 바꾸어 드립니다.

지식과감성#
홈페이지 바로가기

타이밍

인도 명상 학교 체험기

오민아 지음

지식과감정#

목차

JOURNEY 1부

INDIA
Land of spiritual awakening
영적인 깨달음의 나라

이미지 • 12

창밖 • 17

등록 • 21

명상홀 • 24

통합의 앎 • 28

화 • 31

두려움 • 34

죄책감 • 40

에캄(Ekam) • 45

맨발의 하우스 키퍼와 강사들 • 49

그룹 세션 • 52

프로그램과 전생 • 57

룸메이트들과의 대화 • 63

정화의 시간들

집단 호마와 신성의 숲 •68

달샨(Darshan) •73

미트라 •78

의식 •83

고요한 마인드(Serene Mind) •88

분리와 연결 •92

차크라 •96

차크라 정화 •101

만다라 •106

JOURNEY 2부

Lakshmi(락쉬미)를 만나다

제2의 고향 • 114
숙고와 구도자 • 117
부는 무엇인가 • 120
조상과의 조화 • 123
신성한 힘 ADI Lakshmi(아디 락쉬미) • 126
믿음(Faith) • 130
의식적인 창조 • 132
용기의 Dhairya Lakshmi(다이리야 락쉬미) • 135
내면의 진실과 드라마 • 139
조화롭고 사랑스러운 관계의
Sowbhagya Lakshmi(쏘우바기야 락쉬미) • 142

별리(別離), 그리고 변화

Gayatri Homa(가야트리 호마) •146

Eva / Naiva trap •151

성공과 승리의 Vijaya Lakshmi(비자야 락쉬미) •155

감사함이 운명을 바꾼다 •159

몸 •163

건강과 장수의 Arogya Lakshmi(아로기야 락쉬미) •167

집착 •170

신성함(Sacredness), 나라야나 •173

Karma, 카르마 •176

지성과 안정감, Vidiya Lakshmi(비디야 락쉬미) •182

부의식과 부조화 •187

마지막 아침 •192

새로운 시작, 모든 것은 변한다 •195

인용 199
참고 문헌 201

JOURNEY
1부

- INDIA
  Land of spiritual awakening
  영적인 깨달음의 나라
- 정화의 시간들

INDIA
Land of spiritual awakening
영적인 깨달음의 나라

이미지

우주는 무한하고 신비로운 대상이다. 그리고 우리는 '빅뱅'이라고 불리는 시점부터 우주의 나이를 계산해 왔다. 이 모든 것은 코스모스에 대한 호기심에서 비롯됐다. 우리의 본능은 위험을 감수하면서 새로운 세계를 탐험하고 개척하고자 한다.

'우리는 어떤 존재인가?'라는 물음에서 시작됐다. 코스모스를 알고 함께 머물면서 변화시키고자 태어난 존재라고 말이다. 다양한 성격의 별들이 은하 안에 4,000억 개 정도 있다고 한다.

별들은 생성되었다가 죽음을 맞이한다. 이렇듯 우주는 생명 활동의 작용이다. 우리 자신 역시 그 우주와 같다. 나는 13억 인구가 있는 한 나라에서 나 자신이라는 우주를 만나고 왔다.

"여기가 인도구나!"

나는 주변을 두리번거리며 허공에 혼잣말을 내뱉었다. 분명 내 모습은 초행자의 모습이었다. 공항을 나서는 나의 눈에 들어온 첸나이

거리는 인도에 왔음을 실감하게 해주었다. 투박해 보이는 길거리와 건물들을 천천히 훑었다. 우리가 도착한 시간은 늦은 저녁이었다.

어두운 밤은 도시를 새까만 침묵 안에 잠들게 하고 있었다. 공항 출구 게이트에는 누군가를 기다리는 사람들로 인해 인산인해를 이루고 있다. 여기저기 인도식 억양의 영어 말투가 강하게 들려왔다. 외모는 까무잡잡한 피부였지만 탄력 있어 보였다. 크고 동그란 눈동자들 속에 선한 인상이 눈에 들어왔다. 다들 비슷비슷한 느낌이 들었다. 하지만 반대로 외국인들이 우리나라 사람들을 구별하며 봐도 같은 느낌일 거란 생각도 든다.

"사람 사는 곳은 다 똑같아."
"우리 늦었으니 어서 숙소로 갑시다."

우리는 약간의 대화를 나눈 뒤 기다리고 있던 차에 올라탔다. 늦은 저녁 길거리를 돌아다니는 사람들은 자유로워 보였다. 하지만 도시 조경이 청결하지 못하고 지저분한 느낌도 받았다.
'앞으로 잘 지낼 수 있을까?'
많은 부정적인 생각이 스치고 지나갔다. 그러나 선택의 여지는 없었다. 이곳에 온 이상 인도를 경험하고 받아들일 준비를 해야 했다.

인도의 첫날 밤. 나는 편리함에 익숙해져 있었음을 알게 되었다. 빠르게 모든 일을 처리하고 다양한 부대시설이 있던 우리나라의 문화에 길들여졌기 때문일까, 불편한 점들이 하나둘 눈에 들어오기 시작했다. 개인적으로 정갈하고 깔끔한 것을 좋아하는 취향이 있었기 때문에 더 괴로웠던 것 같다. 비교를 하기 시작하니 한숨이 절로 나왔다. 이제 와 마음에 안 든다고 엄마에게 전화할 수도 없었다.

"우리 딸, 재미있게 놀다 와."

새벽에 손을 흔들며 나가는 길을 배웅해 준 엄마의 환한 미소가 생각났다. 지금 누군가에게 투정하면 잘 지내다 오라고 말한 기대치를 배신하는 것만 같았다. 복잡한 심경에 차 안에서 눈을 질끈 감아버렸다.

우리 일행들의 첫 피로를 푸는 곳은 한인 민박이다. 숙소에 짐을 푸니 머물 거처가 있어 다행이란 생각이 들었다. 한국인 주인 어지는 친절하게 우리에게 필요한 것을 나누어 주었다. 타국에서 같은 나라 사람을 본다는 건 정말 반가운 일이었다. 그러나 우리들은 빨리 쉬고 싶은 마음이었다. 침대에 누워 잠을 청했다. 눈을 감고 얼마의 시간이 지났을까 나도 모르게 눈이 떠졌다.

곤히 자는 나와 일행을 깨운 건 다름 아닌 새였다. 새의 지저귐 속에 평화는 깨져버렸다. '우리나라 참새는 애교였구나.' 생각할 만큼 소리가 우렁찼다. 무엇보다 길가를 지나는 오토바이 소음과 차의 경적 소리가 깊은 숙면을 방해했다. 갑자기 짜증이 올라왔다. 그렇지만 다음 일정 때문에 억지로 몸을 일으킬 수밖에 없었다.

"민아 씨, 우리 쇼핑몰 센터에 들러 옷을 사고 캠퍼스로 바로 떠납니다. 어서 준비해요."

서둘러야 하는 시간이 왔다. 우리는 여벌의 옷을 사기 위해 삼륜차인 오토릭샤를 타고 인도의 쇼핑몰 센터에 가게 되었다. 그러자 인도 첸나이 시내 교통 상황이 한눈에 들어왔다. 오토릭샤는 오토바이 뒤에 사람들이 앉을 수 있게 마차처럼 해놓았다. 세 명이 앉기에 알맞았다. 그러나 사방이 뚫려있어서 까딱하고 물건을 놓치기라도 하면 다시는 못 주울 것만 같았다. 왠지 내 부주의가 될 것 같은 분위기다.

나는 오토릭샤를 타면서 뒤죽박죽 얽힌 시내 교통 상황이 재미있게 느껴졌다. 그 이유는 이러한 혼란 속에서도 아무도 다치지 않았기 때문이었다. 그리고 시끄럽게 울려대는 클랙슨 소리도 인상적이었다.

경쟁하듯 운전하는 도로 모습 때문에 나는 운전기사의 안전이 염려되었다. 그런데 운전기사는 아무렇지 않아 보였다. 계속 그 모습을 바라보고 있으니 말없이 운전하는 모습이 믿음직스럽고 프로처럼 느껴지기 시작했다.

앞서거니 뒤서거니 하는 차들의 행렬 속에서 나는 옆 사람에게 말했다.

"중앙선이 아무 소용 없네요."

내 말에 옆에 앉은 일행이 고개를 끄덕인다. 무질서 속에 질서가 있었다. 아슬아슬했지만 무탈했다. 아무리 빠르게 내달려도 앞 사람과 적정선을 지키고 있었다. 실제로 겪어보니 거리에는 무법자가 없었다. 편견이라고 해야 할지도 모르겠다. 내가 가지고 있던 기존의 관점들이 하나둘 재편되기 시작했다.

창밖

하타 요가의 하는 해, 타는 달이라는 뜻이다. 해와 달이라는 의미가 있는 하타 요가는 한 동작을 오래 유지하는 것이 특징이다. 이를 통해 몰랐던 나의 몸의 상태를 파악하고 민감하게 반응할 수 있었다. 또 다른 의미로는 몸과 마음의 균형을 맞추는 작업이기도 했다.

나는 매일 오전 10시에 요가를 했다. 점점 뜨거워지는 날씨에 땀을 많이 흘리기도 했다. 그러나 내가 흘린 땀에 비례하기라도 하듯, 빠지지 않고 참여했다는 데 성취감을 맛보고 있었다. 나는 밥 먹듯이 요가를 다녔다. 어느 날이었는지 등과 어깨의 아픔이 사라졌고 몸이 부드러워진 것을 느꼈다.

'나와 맞는 걸 찾았다!'

유레카! 고대 그리스 시절 물리학자이자 공학자였던 아르키메데스가 목욕을 하다 물이 넘쳤을 때 외쳤다고 한다. 뜻밖의 발견을 했다는 것이다. '그것을 찾았다. 알아냈다'의 의미가 담겨있다. 나 역시 그러한 기분이었다.

단조로운 반복이지만 매일 다른 느낌이었다. 지난번에 하지 못한 동작이 어느 날 되기도 했다. 내 몸이 나도 모르게 조금씩 달라지고 있었다. 그러한 변화가 기쁘기도 하고 신기하기도 했다.

나는 하타 요가를 하면서 인도라는 나라가 몹시 궁금해졌다. 하타 요가를 하는 요기니들을 만나고 싶은 생각도 들었다. 땀을 많이 빼는 유산소는 나의 진을 빠지게 했고, 근력 운동은 상체와 하체의 힘의 균형이 다른 나를 힘들게 했다. 나는 운동을 하고 나서 활력과 생기가 생기길 원했다. 그런데 요가에 모든 것이 있었다. 요가는 나에게 신세계였다.

원한다면 언제든 동시 발생을 경험한다. 영어 표기로는 Synchronicity(싱크로니시티)라고 한다. 의미가 있는 우연한 일이 발생했을 때이다. 동시 발생 중 하나는 바로 요가를 만난 것이었다. 그리고 몸과 마음의 상황을 흘러가는 대로 지켜보기 시작했다.

내가 준비되기 시작하니 다음 징검다리가 나를 기다리고 있었던 것 같다. 아침 요가를 마치고 집으로 돌아오는 횡단보도에서 반가운 한 통의 전화를 받았다. 그 전화는 나를 낯선 땅에 사뿐히 내려놓았다.

그리고 한국의 뜨거운 여름날을 뒤로한 채 오앤오 아카데미 캠퍼스가 있는 곳으로 가기 위해 우리는 차를 타고 2시간 가까이 인도의 도로를 달렸다.

가는 길은 인도의 여름 날씨를 체험할 수 있기에 좋았다. 30~40분마다 날씨가 자주 바뀌었다. 어느 지역을 지나갈 때는 비가 엄청 쏟아졌고 얼마 지나지 않아 날씨가 또 화창해졌다. 열대성 스콜 같은 기후였다. 그래서 우리는 오늘만 이런 것이기를 바랐다.

차를 타고 차창 밖을 바라보니 인도의 풍경이 한눈에 들어왔다. 복잡한 시내와 시장 사이에서 사람들이 몰려있었다. 첫 글자가 'Sri'라고 적힌 상점이 보였다.

"Sri가 무슨 뜻인가요?"
"인도에서 성자를 높이는 표현이래요."

옆에 앉은 일행에게 물어보길 잘했다는 생각이 들었다. 그리고 나에게는 대단한 자부심을 가진 사람이 운영하는 가게 같아 보였다. 우연히 과일을 깎고 다듬는 한 소년과 눈이 마주쳤다. 개구쟁이 같은 눈빛이 꽤 귀엽게 느껴졌다. 내 마음이 통했을까 갑자기 소년이 손에 쥐고 있던 과일을 차 안에 있는 나에게 건넸다. 나는 웃으며 고개를 저었고 이내 소년의 손은 내려갔다.

벽면에 낙서가 가득했다. 그리고 물건이 가득 쌓여있는 곳을 지나치게 되었다. 인도 시골 마을의 정취를 담은 집의 모습을 보았다. 인도의 길거리에서 가장 많이 본 모습 중 하나는 삼삼오오 모여 담소를 나누는 것이었다. 길가를 스쳐 지나갈 때마다 마주치는 소들의 느린 행진과 사람 눈치를 보지 않는 개가 낯선 곳에 있음을 느끼게 해주었다. 때로는 지나가는 차를 앉아서 멀거니 바라보는 사람도 있었다. 집 안 구조가 훤히 보이는 곳에 앉아있는 이들과 눈을 마주치는 건 예삿일도 아니었던 것 같다.

"민아 씨, 저거 봐요."

차에 탄 일행 중 한 명이 큰 조형물을 손가락으로 가리킨다. 코끼리 형상을 한 가네샤였다. 가네샤는 인도 신화에서 지혜와 사업적인 번영, 행운을 가져다주는 신으로 유명하다. '군중의 지배자'라는 뜻을 가지고 있다고 한다. 갑자기 보였던 가네샤 조형물은 복잡한 인도 시내를 다스리는 역할을 하고 있었나 보다, 하고 생각하게 만든다. 개성이 강하게 느껴지는 인도 풍경이었다.

창밖 구경은 차 안에서의 2시간을 훌쩍 지나가게 했다.

"도착했습니다. 다들 너무 고생했어요."

우리를 데려다준 기사에게 감사하다는 인사를 나눈 뒤에야 마음이 놓이기 시작했다. 숙소에 짐을 풀고 정리를 하던 중 침대에 앉아 긴 한숨을 내쉬었다. 이 한숨은 처음 한인 민박집으로 이동했을 때 나왔던 막막함에서 오는 것이 아니었다. 무사히 도착했다는 안도감이었다. 내게 길게만 느껴졌던 이동 시간이다.

등록

　세상은 항상 빠르게 발전한다. 특히 아침마다 오는 신문을 읽다 보면 어떤 것도 멈춰있는 것이 없었다. 변화와 혁신을 요구하는 사회의 목소리가 담겨있다. 그렇게 내 삶에도 새바람이 불기 시작했다.
　우리가 찾아온 곳은 깨어난 의식과 지혜를 배울 수 있는 인도의 철학·명상학교이다. 삶에 어려움이 생겼을 때 극복하고자 하는 사람들이 주로 찾는다. 그래서 다양한 사연을 가진 사람들을 만나게 된다. 아마 이곳을 방문한 그 누구도 가슴에 절박함을 품지 않은 사람은 없을 것이란 생각이 든다.
　의식이 깨어났다는 건 어떤 의미일까? 나는 '깨어남'에 대한 사전 지식이 없었던 사람이었다. 그래서 이러한 용어가 매우 생소하게 느껴졌다. 정확히 '어떤 의미'의 깨어남인지 잘 몰랐던 것 같다. 굳이 깊게 파고들지 않아도 지금 이곳에 있다는 사실만으로 생경한 기분이 들었다.
　살랑살랑 부는 바람이 기분 좋게 내 코끝을 만져주고 간다. 인도의 8월은 뜨겁지만 바람이 불고 습하지 않아 좋았다. 갑자기 인도가 더 좋게 느껴진 건 날씨 탓이었을까? 후텁지근한 한국 날씨를 잠시나마 잊어도 돼서 좋았다.

참으로 이상했다. 평온한 정적이 감도는 이 캠퍼스 안에서 마음의 안식을 얻는듯한 기분이 들었다. 나는 자유롭게 발걸음을 옮겼다. 그리고 캠퍼스 안을 둘러보았다. 얼마나 걸었을까. 다리에 뻐근함을 느꼈을 때 가까이 있는 큰 나무의 그늘 벤치에 앉게 되었다. 분주히 움직이는 여러 사람들이 눈에 띄었다. 숙소 주변을 관리하는 사람들과 하우스 키퍼 그리고 각국에서 온 외국인들이었다. 반갑게 인사를 하는 그들을 보며 기분 좋게 눈인사를 건네 보았다.

'더 없는 걸까?'

속으로 나는 찾을만한 게 없을까 둘러보고 있었다. 하지만 곧 맥이 빠져 싱겁게 앉아만 있었다. 현실은 현실이었다. 그래도 오전에 본 첸나이 시내에 비하면 이 정도가 어디냐며 숙소를 멀뚱멀뚱 바라보았다. 인도의 하늘은 파랗고 깨끗했다. 파스텔 계열의 하늘색 물감을 뿌려놓은 것 같은 채색이었다. 한국에 있는 가족들에게도 보여주고 싶을 정도였다. 곧이어 채비를 마치고 나온 일행과 함께 사무실로 향했다. 문을 열자마자 느낄 수 있는 시원한 에어컨 바람은 잠시나마 청량감을 주었다.

"내일 오전 9시부터 수업이래요."
"다른 곳도 둘러볼까요?"

같이 온 일행들과 등록을 마치고 캠퍼스를 걸으며 이야기를 나누었다. 즐거운 수다 덕분에 우리 모두의 여독이 풀리는 것 같았다. 다들 내일에 대한 기대가 밤 10시까지 그칠 줄 몰랐다. 숙소 안에 켜져있던 불이 소등되었다. 통로에 불빛이 문틈으로 새어 들어와도 신경 쓸 새 없었다. 꿈나라로 향하는 우리에게 인도의 첫날 밤이 그렇게 깊어가고 있었다.

명상홀

"나마스떼."
"나마스떼."

인도식 인사가 정겹게 느껴졌다. 명상홀 안으로 들어오는 이들의 이마에 빨간색과 노란색의 가루가 묻어있다. 그리고 저마다 장미꽃 한 송이를 받았다. 저 멀리 타국에서 온 이방인을 환영하는 이곳만의 특별한 인사였다.

나는 요가원에서 요가를 마친 뒤 서로에게 "나마스떼"라는 합장과 인사를 한 적이 있었다. 그리고 문득 나마스떼가 무슨 뜻일까 궁금해졌다.

'나는 당신 안에 있는 신을 존경합니다.'
'나는 당신을 존경합니다.'

요가원에서는 상대를 보며 존중한다고 말하고 있었다. 특히 힘든 동작을 마치고 찾아오는 자유 뒤에는 같은 공간에 있는 사람들에 대한 동지애를 느꼈다. 그래서 서로 더 친해지고 마주칠 때마다 반갑게 인사를 나누었던 것 같다.

"모두 안녕하세요. 인도에 오신 걸 환영합니다."

박수와 함께 함성이 터져 나온다. 조용했던 공간이 이내 시끌벅적해졌다. 이곳은 9일 동안 우리가 수업을 받게 될 명상홀이었다. 유럽, 미국, 아시아, 남미, 러시아, 각국에서 온 사람들의 모습이 눈에 띄었다. 나 역시 자리에 앉아 어서 수업이 시작되길 기다렸다.

한국에서도 마음 다스리기로 명상을 하는 게 있다. 하지만 인도에서 하는 명상이란 어떤 다른 점이 있기에 나를 이끈 것일까. 명상의 나라 인도에서 하는 깊이는 다르길 기대해 보았다.

캠퍼스는 고요함이 지배한다. 나에게는 시끌벅적한 인도 거리도 매력 있었다. 하지만 평화로운 이곳이 더 끌린다. 수많은 잡생각들이 잠들 수 있을 것만 같았기 때문이다. 생각도 스쳐 지나갈 것만 같은 분위기를 내는 인도의 바람은 너무도 선선했다.

"민아야, 땅 보지 말고 앞을 보고 걸어야지. 너 그러다 허리 굽는다."

어릴 적 걷는 자세로 혼이 났던 에피소드가 생각났다. 땅을 쳐다보며 걷는 습관이 있던 나에게 인도의 바람은 앞을 보게 만들어 준 일등 공신이었다. 아마 나의 고민 주머니가 가벼워지길 바라는 누군가가 보내주는 신호였으리라 짐작할 수 있었다.

대학생 시절, 수업을 받기 위해 자주 사용했던 의자를 다시 만났다. 감회가 새로웠다. 갑자기 여대생이던 시절이 아련하게 그리워졌다. 우리는 1인으로 앉는 의자에 앉았다. 자리가 여의치 않은 이들은 바닥에 요가 매트를 깔고 앉았다. 나는 필기를 할 때마다 새로운 걸 배운다는 학생의 마음가짐으로 임했다.

"여러분의 삶이 신성의 은총을 받기를 기도합니다."
"여러분의 성장을 위해서 깨어나야 하죠."
"삶에서 풍요와 부를 가지는 건 중요합니다."
"이루고 싶고 원하는 걸 적어보세요."

우리의 첫 수업에 들어온 남자 선생님의 말은 여러 가지를 생각하게 만들었다. 그는 왜 우리가 인도에 왔는지에 대한 목적을 확고하게 정립해 주고 있었다. 나는 바라는 소원을 적었다. 이루고 싶은 것들이 많았다. 주변을 둘러보니 다들 자신이 이루고 싶은 소원 적기에 열중하고 있는듯했다.

"너무 욕심이 많은 것 같지 않아요?"

노트를 들어 내가 적은 내용을 옆자리에 앉은 일행에게 보여주게 되었다. 10가지가 넘는 나의 소원 목록을 본 일행이 크게 웃는다.

"나도 많은데…."

옆 사람과 내가 별반 다르지 않다는 사실이 재미있게 느껴졌다.

"여러분 경험하기에 들어가 보도록 하겠습니다. 명상하는 시간을 갖겠습니다."

우리는 직접 경험하는 과정으로 넘어가게 되었다. 명상홀의 불이 꺼지고 흘러나오는 음악에 우리는 몸을 맡겼다. 인도에 와서 경험한 첫 명상 시간이었다. 가부좌를 틀고 앉아 명상하는 시간을 가졌던 지난날이 눈앞에 그려졌다. 숨겨놓았던 감정이 드러났다. 그것은 다른 말로 화, 분노, 죄책감, 기쁨, 우울, 즐거움이었다.

문득 나는 사람들이 자신이 진정으로 원하는 것을 찾아가는 여정을 하게 된다면 어떨까 싶었다. 지금 내가 바라는 게 정말 원하는 것인가 하는 마음이 올라왔기 때문이다. 이루고자 원했던 의도의 본질을 보게 만든다.

인도에서의 첫 명상은 우리에게 내면 안으로 들어가 보라는 깊이의 메시지를 주고 있었다. 왠지 나는 10가지가 넘는 소원 목록이 간절하다가도 무심해지는 순간이 있을 거란 예감이 들었다.

통합의 앎

"여러분의 삶을 제한하는 구조를 보세요. 직업, 관계, 돈 모든 곳에서요."

우리를 향해 바라보며 던진 심오한 말이었다. 어제는 우리에게 이곳에 온 목적을 설명했다면 오늘은 본 수업에 들어가고 있는 것 같다는 생각이 들었다.

"여러분 이것을 '통합의 앎'이라고 말합니다."
"첫 번째는 고통을 불러일으키는 감정을 아는 것입니다."
"두 번째는 감정을 불러일으키는 구조를 아는 것입니다."
"세 번째는 과거에 원인이 된 감정의 카르마적 결과를 아는 것입니다. 이 말은 당신이 그 구조를 계속 붙들고 있다면 미래에 초래될 카르마적 결과를 아는 것이죠. 잃는 것과 얻는 것이 있을 겁니다."

이 수업에서는 감정을 화학물질이자 하나의 지표로 보고 있었다.

우리가 현재 어떤 마음 상태인지 보게 해주기 때문이다. 그래서 감정에 중독되면 우리는 스스로 만든 마음의 구조 속에서 같은 패턴을 반복한다. 나와 관련된 일상생활 어디서나 찾아볼 수 있다. 그리고 우리에게 큰일이 닥쳤을 때 잘 보이는 것 같다.

고등학생일 때 나는 틱낫한 스님의 《화》를 읽은 적이 있었다. 쉬는 시간에 내가 읽는 책을 보고 친구 한 명이 물었다.

"마인드 컨트롤이라고 알아?"

나는 친구에게 '마인드 컨트롤'이라는 단어를 처음 들었다. 부정적인 감정을 통제하는 것이라고 했다.

"운동을 하거나 영화를 봐. 음악 들을 때도 있어. 가끔은 친구 만나서 쇼핑하고 얘기하는 걸로 해소하는 것 같아."

나는 주로 취미 생활로 답답한 상황을 이겨냈던 때를 회상하며 답했다. 이 방법은 나뿐 아니라 대다수의 사람들이 괴로운 마음을 통제할 때 자주 이용한다.

하지만 다른 말로써 나에게 '기분이 좋지 않다'의 마음과 같이 있어 보라고 해주는 사람이 있었다면 어땠을까 싶다.

"모든 생명은 두 가지 상태로서 존재합니다. 구조로서 또는 움직임으로서 존재하죠. 전 우주는 구조와 움직임의 상호작용입니다."

튼튼한 기와집 아래 균열이 생긴 작은 구멍 사이로 개미 한 마리가 지나가는 것을 보았다. 누구도 살 수 없다고 생각한 벽돌 틈새로 새가 둥지를 틀기도 했다. 모든 만물은 구조와 움직임 사이에서 살고 있었다.

"감정을 경험해 봅시다. 이번에 경험할 것은 '화'입니다. 경험 뒤 여러분이 느낀 것을 통합의 앎을 생각하며 노트에 적어보세요. 모두 준비됐나요?"

그녀의 말에 모두가 박수를 보낸다. 아마도 준비되었다는 의미일 것이다. 나는 명상에 들어가기 전 인도를 선택한 나의 분명했던 의도를 되새겨 보았다. 또다시 어두워진 명상홀이 무섭지 않다. 보는 것에 큰 힘이 있다는 걸 알기 때문이다.

화

우리는 화가 날 때 소리를 지른다. 그래서 화는 분출되는 에너지이기도 하다. 올라오는 화를 누르면 해소되지 못한 기운이 우리의 몸을 병들게 만든다. 그래서 예부터 한국인은 '화병(火病)'을 얘기했다. 화병은 억울하거나 한스러운 일을 겪었을 때 생긴다고 한다. 결국 화병은 한마디로 스트레스 상태인 것이다.

"최근 여러분에게 일어났던 화가 나는 경험 속으로 들어가 봅니다."
"그리고 그 화를 느껴보세요."

여자 선생님의 말이 떨어지기 무섭게 여기저기 흐느끼는 소리가 들려왔다. 동시에 나의 가슴속도 답답해지기 시작했다. 화를 직면한다는 게 이런 것인지 예전에는 미처 몰랐다. 끝까지 신경 쓰지 않고 무심하게 흘려보냈던 화가 돌고 돌아 나를 다시 찾아온 듯했다. 인간관계에서 화를 가지고 있는 나를 보았다. 누군가에게 받은 상처가 표면 위로 올라온다.

갑자기 나에게 상처 준 인연들에게 독이 담긴 후회와 경멸을 보냈던 밤이 생각났다. 열불이 난 것처럼 속이 뒤집혔다. 그리고 나는 세상이 떠나가라 소리를 질렀다. 담아두고 묵혀두었던 화였다.

나는 알 것 같았지만 알 수 없는 아픔에 분노했다. 화는 독처럼 나의 마음 전반에 퍼져있었다. 엉엉 울 수밖에 없는 슬픔이 한꺼번에 몰려왔다. 어깨를 들썩이다 수그려 우는 나를 보았다. 한참을 그러고 있었다.

많은 사람들이 타인과 분리를 느끼는 이유는 상처 속에 있기 때문이라고 했다. 우리가 좋은 관계를 망치는 것도 알고 보면 내가 가진 상처 때문이기도 하다는 것이다. '화'는 고통의 또 다른 이름이며 상처 속에 있음을 보여준다.

명상홀 안은 사람들이 내지르는 비명과 울음으로 가득했나. 저마다의 '화'를 경험하고 있으리라는 추측만 가능했다. 나도 그중 한 명이었다.

"여러분 그 화를 안아주세요. 그 아픔과 함께하고 알아줍니다."
"호흡을 천천히 내쉬면서 자리에 눕습니다."

한국의 제주도 겨울 바다가 생각이 났다. 겨울밤 제주도 바닷가의 풍랑이 거세질 때 파도도 무섭게 몰아쳤다. 우리에게 화도 이와 비슷하지 않았나 싶다. 그러나 화를 걷어내면 잔잔하게 일렁이는 나를 보게 된다.

이 과정을 통해 나는 우리가 화를 붙잡고 있을 수밖에 없는 이득을 찾았다. 상처, 세상에 하나뿐인 나를 보호하고 또 아프게 만들고 싶지 않았던 것 같다. 그래서 "너 때문이야"라는 이유를 상대에게 전가시킨다.

　세상에는 피해자와 가해자가 있다. 그런데 두 관점을 듣다 보면 둘 다 그럴 수밖에 없는 상황의 정당성이 있는 것을 본다. 그런데 그들이 말하는 공통점을 듣다 보면 자신이 피해자라는 상처 속에 있다. 그런데 나의 마음이 아프다고 똑같이 대하면 나도 상대에게 상처를 준 가해자가 될지도 모른다. 그래서 상처가 난 자리는 여리고 섬세하기만 하다.

　과정이 끝나도 나는 자리에 계속 누워있었다. 화가 빠져나간 자리에 상처가 여물기 시작한다. 그래서 그 자리는 사랑과 배려, 연결성이라는 긍정적인 성품으로 채우고 싶다는 마음이 들었다. 나는 화를 품는 게 꼭 나쁘다고 말하고 싶지 않다. 예전에 어떤 영화를 보니 영화 메시지에 화가 잔뜩 느껴졌다.

"분노하라. 불의에, 불합리함에."

　영화가 보여주는 분노는 정의에 기반한 것이었다. 우리 사회가 발전할 수 있는 이면에는 '화'가 있기도 했다. 그것은 미성숙한 것에 대한 불만이기도 하다. 우리는 '화'를 통해 성숙하지 못한 나를 마주한다. 상처라는 헤어 나올 수 없는 수렁에 갇힌 우리 자신을 말이다.

두려움

　인도 캠퍼스 안에 들어오자마자 눈에 띄는 검정개가 있었다. 사람들이 지나다니는 길목에 누워있거나 무리 지어 다니는 게 특징이었다. 두 마리, 많으면 세 마리 정도가 눈에 띄었다. 까만색이 나에게는 유독 위협적으로 느껴졌다. 그 위협은 '위험해지지 않을까' 하는 염려였다. 그런데 검정개들은 사람들을 물지 않았다. 그래도 불안했는지 나는 개를 보면 다른 길로 돌아서 걸었다.

　"여러분 쉬는 시간입니다. 20분 휴식 드립니다."

　수업 중간에 쉬는 시간이 주어졌다. 명상홀 밖을 나가 보니 사람들이 있는 곳에 검정개가 있었다. 그런데 개를 좋아하는 사람이 쓰다듬어 주니 얌전하게 구는 모습을 목격하게 되었다. 그들은 사람에게 사랑받고 있었다.
　나는 개에 대해 가진 편견이 있었다. 그래서 가까이하기에는 두려웠다. 초등학교 1학년 때 집 근처 문구점에 갔다가 나를 보고 짖어대던 개에게 다리를 물렸다. 그 뒤 나는 동물을 보면 피하는 버릇이 생겼다.

산책로에서 귀여운 강아지를 보아도 절대 손을 대지 않았다. 그런데 나는 인도에 와서도 똑같이 행동하고 있었다. 해결되지 못한 숙제는 평생 따라다닌다고 했다. 과거의 경험이 지금 나에게 영향을 주고 있다. '트라우마'라는 두려움이었다.

"여러분, 두려움 중에는 거절의 상처가 있습니다. 또, 실패에 대한 두려움이 있기도 하죠. 그것은 우리가 가진 것을 잃게 될까 봐 두려워하는 것입니다."

"미래에 대한 두려움도 있죠. 일반적인 불안입니다. 그런데 우리는 부정적 상상으로 미래를 투사합니다. '이렇게 되면 어떡하지?' 하는 것입니다."

화에 이어서 우리는 두려움을 경험하는 시간을 맞았다. 두려움은 일상생활에서 늘 경험했던 감정이었다. 우리는 삶에서 도전이 오면 두려움과 마주할 수밖에 없다.

아나운서 아카데미를 다니던 시절, 완벽을 추구하는 학원에서 좋은 소리만 들을 수 없었다. 지적을 듣는 일은 다반사였던 것 같다. 때로는 나보다 잘나 보이고 외모적으로 뛰어난 친구들을 만나면 의기소침해지기도 했다.

이따금씩 MC를 보는 게 힘들었다. 내가 MC를 볼 때 같이 수업을 듣고 모니터를 해준 동생들은 어색하다며 웃었다. 나 또한 어색함을 느꼈다. 그렇지만 아나운서는 하고 싶었다. 매일 연습을 하고 카메라 앞에 섰다. 대형사 시험을 보러 간 날이었다. 마음속에서 기대감과 약간의 두려움이 담긴 긴장감이 교차했다.

"꼭 합격했으면 좋겠다."

방송인 유재석 씨가 카메라 울렁증이 있다고 고백한 걸 들은 적이 있다. 나는 그 말이 이해가 되었다. 그래서 그는 많은 노력을 기울였다고 했다. 나도 그처럼 많은 연습을 해야 했다.

"여러분, 두려움을 경험해 볼까요?"
"자리에 편하게 착석해 주세요."
"들이마시고 내쉬는 호흡을 멈추라고 할 때까지 반복합니다. 여러분은 우리가 인도하는 대로 따라오세요."

남자 선생님의 굵은 목소리가 우리들의 심지를 굳게 다지게 한다. 나는 내 안에 두려움이 거품처럼 꺼지고 사라지길 바랐다. 음악 소리가 명상홀 안을 뒤덮었다.

"최근 경험했던 두려움과 관련된 일을 떠올려 보세요. 그리고 그 두려움을 느껴보세요."

눈을 감으니 어떤 영상이 지나간다.

"언니는 어쩌려고 이래."

서울에서 처음으로 자취 생활을 할 때였다. 같이 살았던 룸메이트 동생은 걱정스러운 표정으로 나를 보며 말했다.

"그게 무슨 소리야?"
"아니, 전등 하나 못 갈아 끼우는 게 말이 돼? 그런 거 다 자기가 하지 않아?"
"그게 왜 문제야? 못할 수도 있지."

나는 수명이 다한 천장에 높은 전등을 갈아 끼우는 걸 육촌 동생에게 부탁했다. 그러자 그녀는 살짝 신경질적인 표정이었다. 나는 동생의 반응이 솔직히 이해가 되지 않았다. 내 머릿속은 동생에 대한 다양한 반응으로 굳어져 가고 있었다.

"그래 알았어. 내가 할게."

육촌 동생은 혼자서 잘 헤쳐나가는 독립적인 사람이었다. 그래서 동생은 나를 신기하게 보았다. 그 다음 날, 저녁에 의자를 밟고 올라가 낑낑대며 천장에 전등을 갈았다. 그런데 뭐 이런 것으로 고민했을까 피식 웃음이 날 정도로 전구 갈기는 금방 끝났다.

나는 인도에서 그날을 다시 경험했다. 남들이 보면 별거 아닌 사건이었지만 이곳 과정에 참여하다 보니 예외가 없었다. 그 사건은 내면 속 숨겨진 구조를 드러내 주고 있다. 두려움은 그때로 나를 데려간 듯했다.

그 두려움 안에서 '나는 못해', '나는 다른 사람의 도움이 필요해'라는 구조가 있다. 그리고 보니 내 삶에서 위급한 상황이 닥치면 타인이 도와준 경우가 많았다. 어느새 다른 사람의 도움을 받는 것이 익숙했던 모양이다.

나는 6살 때 팔에 3도 화상을 입었다. 그래서 피부 이식수술을 했고 집과 병원을 오가며 통원치료를 받았다. 그래서인지 내 주위에는 약한 나를 돌봐주는 헌신적인 사람들이 있었다. 나는 두려움 속에서 저항 없이 머물렀다.

'나는 다른 사람의 도움이 늘 필요하지.'

그동안 삶에서 일어났던 부정적인 에피소드가 이제야 가슴으로 이해되기 시작했다. 이해가 따르니 해방이 나를 기다리고 있다.

"여러분 그 두려움을 인정하고 받아들입니다. 그 두려움과 함께 있습니다."

"살며시 자리에 누워서 휴식을 취합니다."

꼭 감은 두 눈이 떠지면서 이 두려움의 구조가 나의 삶에 끼친 영향을 보게 되었다. 나는 단단하게 홀로 서고 싶었다. 홀로서기. 다른 사람은 몰라도 그게 나에게는 그동안 큰 도전이었다.

8살의 어린 나는 개에게 물려 아팠지만 성인이 된 지금 또 개에게 물릴 거란 보장은 없었다. 스스로 만든 두려움으로 같은 선택을 하고 있는 나를 본다. 두려움은 나의 홀로서기를 가로막고 있었다.

한 가지 사실을 배웠다. 두려움은 사라지면 실체가 없다는 것을 말이다. 실체 없는 유령에 직면했다. 주위를 살피니 과정에 참여한 모두가 큰 해방을 맞은 것만 같았다. 나 역시 앞으로 현실에서 잘 해낼 거란 자신감이 생겼다. 그리고 모두에게 해주고 싶은 말이 있다.

'신념과 생각은 구속이지만 경험은 해방이다.'

죄책감

"민아야, 너는 엄마랑 굉장히 친한가 봐. 엄마 얘기를 많이 한다."

함께 인도 여정을 온 일행이 내게 말했다. 아버지가 돌아가시고 난 뒤 나는 엄마와 급속도로 친해질 수밖에 없었다. 모녀끼리 오붓하게 데이트한 적이 많았다. 그래서 어려움과 고민은 가족인 엄마에게 먼저 털어놓기도 했다.

어제 직접 경험하는 수업은 우리 모두를 진 빠지게 만들었다. 그런데 오늘도 한 가지 감정을 경험하는 게 남아있었다.

"여러분, 행복한 시간이 되고 있나요?"

오늘 수업을 맡은 여자 선생님은 우리가 진심으로 행복하길 바란다는 눈빛이었다. 그녀의 호소력 있는 눈빛이 따뜻하게 느껴졌다.

"이것은 자신과 벌이는 불필요한 전쟁입니다. 자신이 지속적으로 자신을 죽이는 상태입니다. 무엇일까요? 당신이 배우는 것을 멈추게 하고 현실을 부정하게 만듭니다."

수수께끼 같은 문제처럼 들렸다. 여기저기서 답을 맞히기 위해 손을 들었다. 그러나 아무도 정답을 말하지 못했다. 여자 선생님은 빙그레 웃었다.

"오늘 들여다볼 감정은 바로 Guilty, 죄책감입니다."
"자신의 실수와 실패에 대한 죄책감이 있죠. 죄책감은 과거에 묶어 둡니다."
"충분히 사랑하지 않고 충분히 도와주지 않는 것에 대한 죄책감이 있죠."
"다른 사람보다 더 나은 것에 대한 죄책감도 있습니다. 가진 것에 대해 죄책감을 느끼게 합니다. 이런 경우 삶의 축복을 볼 수 없습니다."
"당신이 계속 이 상태를 유지할 경우 사랑하는 자신의 길에 장애를 만들어 냅니다."
"죄책감은 당신에게 가장 의미 있는 사람과 멀어지게 만듭니다. 우리는 많이 가졌음에도 불구하고 외롭게 느끼죠. 그리고 화와 우울이라는 껍질 속에 가둡니다."
"이게 바로 죄책감입니다."

우리가 평상시에 느끼는 죄책감을 명료하게 풀어주고 있었다. 나는 위와 같은 경우를 모두 다 삶에서 경험해 보았다는 걸 깨달았다. 그리고 죄책감의 상태에 오래 빠져있었음을 알게 되었다.

"과정 속에 들어갈까요? 경험해 보는 시간을 갖겠습니다."
"호흡에 주의를 기울여 주세요. 우리가 진행하는 대로 따라오세요."
"죄책감을 느꼈던 가장 최근의 일을 떠올려 보세요. 그리고 그것을 있는 그대로 느껴봅니다."

나의 머릿속 영상에서는 고향에 내려와 식탁에서 같이 밥을 먹는 엄마와 내가 있다.

"엄마 나는 실패했어."
"왜 그런 소리를 해?"
"나는 왜 이렇게 잘 안 풀리지? 속상해."

닭똥 같은 눈물을 흘리는 내게 엄마가 말한다.

"마음 단디 먹어. 왜 그렇게 약해졌어?"

아무도 내 마음을 이해하지 못할 거라는 생각이 나의 가슴을 더욱 아프게 했다. 누가 이해해 줄까? 나같이 산 사람도 없겠다, 라는 자기 비난이 이어졌다. 엄마는 기운 없이 밥을 먹는 나를 보며 말했다.

"네가 훨훨 나는 모습을 봤으면 좋겠어."

그 말에 나는 울컥했다. 언제 훨훨 날 수 있을까 꿈같은 일이었다. 나는 내가 많이도 부족해 보였다. 밥을 먹고 내 방 거울 앞에 앉아 하염없이 울었다.

그날 밤이었다. 방문을 열고 거실 TV 앞에 있는 엄마를 불렀다. 그런데 그날따라 유난히 홀로 TV를 보는 엄마가 외로워 보였다. 기분이 좋지 않은 딸을 위해 눈치 보느라 TV 소리도 작게 틀어놓았다.

나는 그때 알았다. 평상시 집에 계신 엄마의 모습이라는 것을 말이다. 서울에 있다가 종종 집에 오면 엄마가 틀어놓은 텔레비전 소리가 너무 컸다. 그러면 나는 꼭 한마디씩 하곤 했다. 그런데 엄마는 TV를 벗 삼아 친구 삼아 지냈던 것이었다.

갑자기 엄마의 고독함을 발견하고 나니 굉장히 미안해졌다. 엄마가 많이 외로웠을 수도 있겠구나 하는 마음이 올라왔기 때문이었다. 나는 나의 외로움만 알고 있었다.

'엄마 미안해요.'

인도에서 멈출 수 없는 슬픔이 내 볼을 타고 내려오기 시작했다. 가까운 사람의 아픔에 무관심했다는 죄책감이 드러났다. 그래서 무의식적으로 엄마를 많이 얘기하고 찾았다는 걸 알게 되었다.

사랑의 다양한 면 중 하나는 '주는 기쁨'이 있다. 나는 사랑이 무엇인지 알기 위해 체험하고 있었다. 신이 나에게 기회를 주었다는 걸 깨닫는다. 사실, 우리가 겪는 모든 일의 이면에는 어떠한 것도 실패한 것이 없다. 체험과 성장이라는 선물이 항상 있었던 것 같다.

"죄책감 그 감정을 인정하고 안아주세요. 있는 그대로 그것과 함께 있습니다."

나는 한국에 돌아가면 그녀를 꼭 안아주리라 생각했다. 그리고 나 이외에 다른 사람들도 잘 챙기겠다고 다짐한다. 나의 죄책감으로 놓아버린 주변 사람들이 있는지 살펴보게 되었다.

"보통의 호흡으로 돌아오세요. 자리에 편안하게 눕습니다."

가빠졌던 호흡이 성상으로 돌아왔다. 명상홀 안이 밝아진다. 눈물이 맺혀 빨개진 내 눈이 알게 모르게 자랑스러웠다. 다 털어내니 속 시원했다. 지난 순간들이 헛되지 않았구나 하는 마음이 든다.

에캄(Ekam)

에캄 안에서 본 인도의 달이 아름답게 느껴진다. 에캄에 들어올 때만 해도 해가 어슴푸레 떠있었다. 그런데 지금은 달이 떴다. 에캄에서 나오는 밝은 빛은 인도의 밤을 지키고 있다. 하늘의 별보다 더 빛나는 곳이 있다면 이곳일까 싶었다.

"민아 씨 우리 에캄에 간대요."
"에캄은 뭐 하는 곳이에요?"
"템플이래요. 이곳에서는 신성한 장소라고 하네요."

일행들 못지않게 나 역시 에캄이 어떤 곳일까 궁금해졌다. 우리는 감정을 경험하는 수업을 마치고 캠퍼스에서 차로 15분 거리인 에캄에 도착했다. 버스에서 내려 건물 내부로 들어가 계단을 타고 올라갔다. 코너를 몇 번 돌아 어느 장소에 도착했다. 문 입구에서 안내를 해주는 사람들과 두 손 모아 인사를 나눈다. 따뜻한 미소를 품은 상대의 표정에 눈 녹듯 경계가 허물어졌다.

"여러분 둥글게 원을 만들어 앉아주세요."
"아난다 만달라를 합니다."

둥글게 원을 만들라고 하니 'Welcome'이라고 쓰인 문구와 함께 방문객을 반기던 만다라 그림이 떠올랐다. 만다라는 산스크리트어로 '원'이라는 뜻이라고 한다. 우리는 둥근 원을 만들고 앉아 옆 사람과 손을 잡았다. 내 옆에 앉은 이탈리아 남자가 긴 계단을 올라오는 길이 힘들었나 보다. 숨을 가쁘게 몰아쉰다. 그 모습에 나도 모르게 긴장이 풀려 웃음이 터졌다. 빈틈이 보이는 모습에서 인간적인 매력을 느낀다.

우리는 '아난다 만달라'라는 호흡 명상을 하고 춤을 추는 것으로 자신을 자유롭게 표현했다. 나는 며칠 동안 인도를 경험하며 발리우드 영화를 떠올렸다. 인도의 발리우드 영화는 흥겹게 춤추는 모습으로 마무리를 짓는다. 고난과 역경도 기쁨과 즐거움으로 승화시키는 분위기가 있다. 그런데 이곳 역시 인도 영화와 다를 바 없는 곳이었다.

'춤 명상인가?'

나는 은밀하게 행복했다. 한국에 있는 어느 누구도 내가 인도에서 춤추며 명상하고 있다는 걸 모를 거라는 사실 때문이었다. '먹고 기도하고 사랑하라'라는 명제가 통하는 이곳. 우리가 지금 해야 할 일은 나의 모습을 즐기는 게 전부였다.

템플로 들어오는 길에 보았던 동물이 있었다. 바로 원숭이였다. 아슬아슬한 난간에서 천연덕스럽게 중심을 잡으며 걸어간다. 떠오르기 시작한 달과 오묘하게 어울리는 원숭이의 등장이 낯설지 않았던 것은 왜였을까? 에캄에서 볼 수 있는 멋진 장면이었다.

우리는 모든 명상 과정을 끝내고 난 뒤 버스로 향했다. 그런데 소지품을 둔 가방이 보이지 않았다. 저 멀리 빛이 새어 나오고 있는 가로등과 나의 기억력을 믿으며 되돌아왔던 길을 뛰었다.

나는 한국에 가지 못하게 되는 건 아닐까 걱정됐다. 걱정을 끌어안고 소지품을 두고 온 곳에 도착했다. 하지만 있을 거라 믿었던 짐이 없어서 당황했다.

'아, 어떡해.'

나는 멀지 않은 거리에서 전화 통화 중인 인도 사람을 발견한다. 그는 문 안쪽에 있을 거란 말만 되풀이한다. 나는 다급함을 안고 왔던 통로를 돌아간다.

'잃어버릴 수 없다.'

안에 들어있는 여권과 비상금 그리고 핸드폰이 생각났다. 거친 숨을 몰아쉬며 내 옆에 있었던 이탈리아 남자가 생각났다. 우스갯소리지만 나의 2시간 뒤 모습을 그를 통해 예언받은 게 아닌가 싶었다. 웅성거리는 사람들의 목소리가 들린다. 나는 어느새 문 앞에 당도했다. 다시 안으로 들어가 짐이 있는 곳을 살피기 시작했다. 그리고 나는 가방을 찾았다.

달은 여전히 같은 모습으로 빛나고 있다. 그런데 이번에는 큰 감흥이 없었다. 달은 다른 각도에서도 똑같았다. 오로지 달을 보는 나의 마음만 달라져 있었다. 모든 것은 그대로 그 자리에서 묵묵히 있을 뿐이다. 그런데 나의 관점이 사물을 보고 판단하고 분별하고 있었다.

우연히 이곳에서 해가 지는 모습을 보았다. 타국에 있어서일까 이국적으로 느껴지는 장관이었다. 타오르는 듯한 강렬한 붉은 정점이 사그라들기 시작하면 주변은 어두워졌다. 그리고 느지막하게 달이 떴다.

해와 달은 서로의 타이밍을 잘 알고 있는 것 같다. 자신이 무대에서 퇴장할 때를 알고 다른 사물도 존중하는 모습을 본다. 에캄에 와서 나는 자연의 겸손함을 깨닫고 간다.

곧 나는 입구에 서있는 버스로 향했다. 고생 아닌 고생을 해서일까. 피곤함이 몰려왔다. 버스가 GC2라고 적힌 건물 앞에서 내려주었다. 우리는 하나의 역을 지나쳤다.

맨발의 하우스 키퍼와 강사들

"언니, 저 사람들 안 다칠까요?"
"그렇게 걱정되면 가서 얘기해 줘."

내 말에 옆의 일행이 농담을 던졌다. 인도 첸나이 시내를 지나치며 맨발로 걷는 사람들을 자주 보게 되었다. 그들을 보고 나는 '혹시 다치지 않을까?' 우려스러웠다. 바닥에 있는 모래나 흙에 발이 더러워지거나 날카로운 이물질에 찔리지 않을까 하는 두려움이었다. 세상을 볼 때 '언제나 조심해야 한다'라는 인식이 있었던 것 같다.

그래서 생소한 인도 음식을 먹고 탈이 날까 싶어 날것의 음식은 입에 대지 않았다. 물은 미리 구입한 생수를 먹고 있었다. 이곳에서는 참여자들을 위해 물을 마실 수 있는 장소가 있었다. 그런데 나는 같이 온 사람들의 말을 철석같이 믿었다. 8월 여름이라 탈이 날 수 있다는 것이었다.

우리는 맨발로 잔디밭을 걷고 돌아다니는 사람들을 보았다. 나도 그래볼까 싶었지만 선뜻 내키지 않았다. 뜨겁게 이글거리는 아스팔트를 비웃기라도 하듯 가장자리 햇빛이 덜 드는 길가에서 맨발로 걷는 하우스 키퍼들을 보았다. 너무 더운 날씨라 나와 일행은 양산을 꺼내 들어 뜨거움을 피하고자 했다. 그래서 그들의 움직임이 남다르게 보인다. 맨발로 다니는 게 이곳 문화일 수 있을 것이다. 하지만 한편으로는 어떤 시선에 얽매이지 않은 자유로움 같은 게 느껴졌다.

이곳에서는 수업을 맡은 사람들은 늘 분주하게 바빠 보였다. 나는 강사들을 보면서 강의를 하기 위해 많은 공부를 하겠다는 생각이 들었다. 실제로 어떤 분야에서든 성공한 사람은 많은 노력을 한다. 적어도 내 눈에는 그들 역시 그래 보였다.

점심을 먹고 나오는 길에 식당으로 들어가는 두 명의 강사와 눈이 마주쳤다. 밝은 표정에는 생기가 있었다.

"안녕하세요."
"Hello."

이곳에 오니 짧은 인사가 모든 걸 말해줄 때도 있다. 나는 간단한 영어 인사만 건넸고 강사들은 한국말에 능숙하지 않았다. 하지만 한국어를 모르고 영어를 못한다고 걱정할 필요가 없었다. 서로의 배경을 충분히 이해하고 있었기 때문이었다. 문득 나 역시 그들의 미소처럼 누군가에게 잔잔한 여유를 주고 싶은 마음이 든다.

나는 이들에게 열정을 본다. 열정은 긍정적이며 다른 말로 몰입이다. 초등학생 때 학교 숙제를 위해 아빠에게 집안의 가훈을 물어봤다. 나는 별다른 대답을 기대하지 않았던 것 같다. 그런데 예상하지 못한 나의 질문에 아빠는 크게 웃었다.

"어떤 일이든 최선을 다해야지."

그날 저녁, 나는 노트에 우리 집 가훈을 적었다. 우리 집 가훈은 최선을 다하자는 것, 그러고 보면 아빠도 가족을 위해 매일 열심히 살았다. 최선을 다한 것은 어디 가지 않는 것 같다. 우리 가족은 아빠의 노고와 성실함을 잘 알고 있었다.

그 가훈을 기억한 채 어느새 나는 30대 어른으로 자랐다. 불현듯 아빠와의 일화가 생각이 난다. 그리고 나의 삶을 움직이는 원동력 중 하나는 '열정'이기도 했다.

인도 사람들의 까만 발에 단단하게 박힌 굳은살이 싫지 않았다. 각자 위치에서 최선을 다해 산 흔적일 것이다. 잊고 있던 열정을 가슴에 품어보았다. 숙소 앞에 사람들이 벗어놓고 간 신발이 쭉 늘어져 있다. 하루 종일 말없이 지키고 서있는 그들에게 속으로 몇 번이고 감사하다는 인사를 하며 지나쳤다.

그룹 세션

"경험담을 나눌 분 계신가요?"

요즘은 인종과 성별, 국적, 언어, 종교가 다른 것이 문제가 되지 않는다. 우리는 대화를 함으로써 서로를 알아간다. 그래서 가까운 옆 사람의 이야기가 나의 이야기가 되기도 한다.

매 수업이 끝나고 나면 우리는 사람들과 함께 옹기종기 모여 경험담을 나누곤 했다. 아시아 사람들은 아시아 사람끼리, 유럽 사람들은 유럽 사람끼리 모여있었다. 나중에 얘기를 듣고 보니 언어가 비슷해야 의사소통에 무리가 없다고 했다. 만약 영어를 잘한다면 언제든 가고 싶은 다른 그룹으로 들어가도 좋다고 덧붙여 말했다.

강사들은 강의와 관련된 질문을 참여자들에게 던졌다. 또 우리가 궁금해하는 것을 이해하기 쉽게 보완해 설명해 주기도 했다. 한국인들이 속한 조는 말레이시아, 중국인들과 섞여있었다. 나라를 떠나서 모두가 진지하게 그룹 세션에 임했다.

말레이시아에서 온 여성 참가자 한 명이 손을 들어 질문한다.

"고국으로 돌아가면 갚아야 할 돈과 생계가 걱정됩니다. 어떻게 해야 할까 두렵습니다."

그녀의 질문은 만국 공통의 관심사 같다. 사람 사는 고민은 비슷하다는 생각이 들었다. 나는 강사들이 우리에게 어떤 해답을 줄까 내심 기대해 보았다.

"그건 뇌의 혼란입니다. 내면의 상태를 고요하게 유지하세요. 아름다운 상태에서 살아야 합니다. 그게 가장 중요합니다."

그 답변은 조금 실망스러웠다. 구체적이고 현실적인 해결책은 아니었기 때문이다. 우리는 상대가 고민을 털어놓으면 상대에게 조언을 해준다. 그러나 최선의 방법은 당사자가 알고 있다. 문제가 있으면 해결책이 있기 마련이다.

강사들은 마음 상태가 고요할 때 해결책과 관련된 직관이 떠오른다는 걸 알려주고 싶어 했다. 그리고 우리가 결과에 서서 문제를 바라보면 지금 어떤 말과 행동을 하고 있을까.

"선생님… 질문 좀 그만해요. 나도 몰라요."
"아니…. 알고 싶으니까… 나는…"

소심하게 삐진 룸메이트 모습에 짜증과 미안함이 동시에 올라왔다. 좋은 사람이라는 것을 알기에 짜증을 낸 게 미안했고 질문에 답하다 짜증이 솟구쳤다. 그녀와 대화를 하다 보면 본인이 궁금한 점만 집중적으로 묻는 것을 느꼈다. 나는 잠시 룸메이트와 있는 게 불편해졌다.

룸메이트를 통해 그동안 나는 상대방과 대화를 했는가 자문하게 되었다. 나도 누군가에게 내가 하고 싶은 말만 했기 때문이다. 상대를 앉혀놓고 몇 시간이고 나의 얘기만 했던 적이 있었다. 속을 터놓는다는 이유로 말이다. 그리고 상대에게 대안을 줄 때 내가 생각한 답을 주었다. 우리는 스스로에게 물어볼 만하다. '나'중심의 대화인지 '상대'를 포함한 대화를 하고 있는지.

"민아 씨 왜 질문 안 해요?"

인도에 와서 말없이 수업만 듣고 있는 걸 보고 나에게 다가와 이유를 묻는 일행이 있었다.

"어떤 말을 해야 할지 모르겠어요. 지금은 다른 사람 이야기를 듣고 있는 게 좋아요."

그룹 세션은 어떠한 판단과 편견 없이 듣게 만들었다. 나는 이곳에서 경청이라는 걸 배우고 있었다. 정확히 말하자면 '경청의 예술'이었다. 숨겨둔 고민을 함께 나눈다는 건 자신의 일부를 드러내는 작업인 것 같다. 그리고 그 고민은 경청과 가까워야 치유받을 수 있음을 깨닫는다. 어떻게 보면 나는 용기 있고 진솔한 사람들과 함께하고 있었다.

30여 분의 시간이 훌쩍 지나갔다. 30여 명 정도 되는 사람들의 질문과 이야기는 각양각색이었다. 내 앞자리에서 같이 수업을 듣던 중국인 모녀가 있다. 가깝다 보니 자주 눈인사를 했다. 아이 엄마가 조용히 손을 들었다.

"아이는 당뇨병을 앓고 있어요. 매번 약을 챙겨야 합니다. 남편이 죽고 2개월 뒤 아이가 갑자기 당뇨 판정을 받았습니다. 앞으로 아이와 어떻게 살아야 할까요?"

엄마의 벼랑 끝에 선 절박함이 느껴졌다. 그 말을 듣던 강사들의 눈빛이 진지해진다.

"혹시 가족력이 있나요?"
"아니요. 없습니다."

강사들은 서로 한 번씩 눈을 마주치고 조심스레 말했다.

"그렇다면 그 아이의 카르마입니다."

심각한 이야기에 모두 숨죽인다.

"아이가 아직 어리죠? 조금 더 크면 가능한 방법입니다. 아이가 자신의 처지와 비슷한 사람을 돕는 겁니다. 누군가는 경제적으로 돕기도 하고, 누군가는 봉사활동을 가기도 합니다. 카르마를 해소할 수 있는 방법입니다."

다른 사람을 돕는다는 건 나를 돕는 것인가 보다. 갑자기 나의 마음이 복잡해졌다. 이곳에 온 사람들 중에 사연 없는 사람이 없다. 그래서 고통 속에 있는 사람을 모른척할 수 없는 것 같다. 우리에게 소통은 공감이었다.

나는 중국인 모녀가 아프지 않고 행복해지길 바라는 마음이 들었다. 그들에게 그들이 바라는 기적이 일어나길 소망해본 것이다.

나 역시 한국에 있는 가족들과 주변 사람들의 건강을 생각하지 않을 수 없었다. 따지고 보면 내가 건강하기 때문에 자유롭게 인도에 올 수 있었다는 걸 안다. 인도는 내가 가지고 있는 것이 얼마나 많은지 헤아리게 만든다.

'백지장도 맞들면 낫다.'

혼자서는 견디기 괴롭고 힘든 일도 주변과 나누면 마음의 위안을 얻고 새로운 돌파구를 찾을 수 있나 보다. 그래서 우리가 다들 이곳에 모였다는 걸 알게 된다.

프로그램과 전생

"여러분에게서 오는 대부분의 문제는 과거 생에서 옵니다. 오늘은 전생을 들여다보는 시간을 가집니다."

남자 선생님이 우리를 보며 말한다. 흥미로운 전생 체험이 될까? 이제는 의심보다 호기심이 든다. 나는 인도로 출발하기 전에 한 가지 의도를 세웠다. 부정적인 패턴이 반복되는 원인을 내 안에서 찾고 싶었다. 그리고 이유를 알 수 없는 우울함도 어디서 기인하게 됐는지도 말이다.

'내게도 컴퓨터처럼 고정된 프로그램이 있을까?'

다소 엉뚱하긴 하나 그럴싸한 나의 예상을 믿어보고 싶다. 긍정적인 마음을 가지는 것과 자기 확언, 자기 사랑을 해도 뭔가를 갈구하는 한계가 찾아왔다. 나는 순응하며 사는 것도 괜찮지만 도전해 보고 싶었다. 나의 무의식의 프로그램을 변화시킬 수만 있다면…!

용기를 낸 덕분에 드디어 뿌린 것을 거두는 시간이 온듯했다.

"전생을 경험하는 사람은 10명 중 4명입니다. 다 못 볼 수 있습니다."

예전에 TV에서 전생 체험을 하는 연예인이 나오는 걸 보았다. 나는 내심 진짜인가 의구심이 들었다. 그런데 이곳에 오니 내가 그 연예인의 입장이 된 것 같았다.

"넓게 흩어집니다. 호흡을 하시면서 제가 말하는 대로 따라오세요. 안대를 하셔도 좋습니다."

남자 선생님의 말이 끝나자마자 나는 의자에서 일어나 제일 뒷자리로 옮겼다. 공간이 넓어서인지 편하게 요가 매트를 깔 수 있었다. 내 옆의 사람들이 드문드문 떨어져 앉는다. 이윽고 빠른 비트의 음악 소리가 울려 퍼지고 어둠이 실내의 정적을 감쌌다.

"들이마시고 내쉬세요. 빠르게 호흡합니다. 저희가 멈추라고 할 때까지 중간에 멈추지 마세요."

태어나 처음으로 해보는 빠르고 힘 있는 호흡이었다. 내 정신은 가파른 절벽 위에 서있는 듯한 착각을 불러일으켰다. 조용했던 실내가 어느새 주변 사람들의 소리로 가득 찼다. 남녀노소 할 것 없이 질러대는 소리가 아비규환의 현장에 있는 것만 같다. 호흡이 가빠지면서 뜨거운 열기가 가슴속에서 올라왔다. 그리고 목으로 이어진다. 그 압박감은 호흡을 하는 것을 힘들게 만들었다.

얼마 지나지 않았을 때였을까 그 압박감은 나의 팔과 다리, 그리고 전신으로 퍼지기 시작했다. 이 느낌은 불쾌하고 불편했으며 꽤 고통스러웠다. 나는 쉽게 움직일 수 없었다.

"이제 호흡을 멈추고 일어서서 몸으로 표현합니다."

강사의 말이 고통 속에 신음하고 있는 우리들을 구한다. 이곳에서 하는 과정 중 가장 힘든 일은 호흡이었다. 나의 지친 숨소리는 보통의 호흡으로 돌아왔다. 그리고 나는 음악에 몸을 맡겼다. 내게 또렷한 영상이 하나 스쳐 지나간다. 그 상황은 지금처럼 느껴지기 시작했다.

'어서 빨리 가서 말해야 하는데…. 나는 꼭 해야만 해.'
특정한 상황에 놓인 나는 어디론가 가고 있었다. 내가 느끼는 감정은 긴박하고 다급했다. 전해야 할 소식이 있는 것 같았다. 그런데 나는 불가능 앞에 서있음을 본다. 전쟁터에서 불이 보이기 시작했다. 곧 하지 못했다는 자책감에 휩싸였다. 우울과 슬픔이 한꺼번에 밀려왔다. 몸에 고통이 함께 찾아온다. 이상하면서도 현실 같은 느낌에 한참을 대성통곡했다.

우리는 이미 수천만 년의 전생을 경험하고 살았다고 한다. 그리고 이루지 못한 지난 생의 과제는 이번 생에 영향을 주고 있다는 걸 느꼈다. 고대 인도의 전통 의학인 '아유르베다'에서조차 못 고치는 병이 있다면 이는 전생에서 오는 카르마라고 했다. 그렇다면 그 병을 앓아야 한다고 한다. 그 이유는 무엇일까? 아마도 본인 스스로 배워야 할 점이 있기 때문일 것이다.

뜻밖에 나의 화상에 대한 실마리를 찾을 수 있었다. 그 누가 나의 체험을 믿어주고 설명할 수 있을까? 지난 시절 겪었던 좌절이 머릿속을 스친다. 그리고 눈물 나도록 이해가 됐다. 진정으로 나를 이해하게 된 것이다.

"모두들 자리에서 누워주세요. 편안하게 호흡을 하면서 몸을 이완합니다."

우리는 자리에 누워 고양된 마음과 몸에 휴식을 주기 시작했다.

"충분히 휴식하실 분들은 누워있어도 좋습니다. 15분 휴식 시간 드립니다."

불이 켜지고 사람들이 일어나는 소리에 내 눈도 살며시 떠졌다. 이 곳에서는 우리에게 6살 때까지의 프로그램이 아주 중요하다고 했다. 그 프로그램을 토대로 삶이 펼쳐진다고 한다. 그리고 우리는 전생과 관련된 프로그램의 일부를 체험했다.

진짜인지 아닌지 모를 착각 속에서 한편으로는 다행이란 생각이 든다. 전신을 다칠 수 있는 상황이었음에도 나는 한쪽 팔만 빠지고 다쳤기 때문이다. 다행스럽게도 어린 나를 죽지 않게 누군가 보호해 줬음을 알아차릴 수 있었다.

"민아 씨 몸 많이 좋아졌어. 처음 왔을 때는 이렇게 하고 있었어."

요가원 원장님이 보여준 모습은 양팔 길이가 다르고 오른쪽 팔을 끝까지 펴지 못하는 내 모습이었다. 요가를 다니고 운동하기 전까지 나의 오른쪽 팔은 다 펴지지 않았다. 그래서 왼쪽 팔과 오른쪽 팔을 맞붙이면 오른쪽 날갯죽지가 당겨왔다.

나는 회사에서 업무를 볼 때 '멀티 플레이' 하는 사람들이 부러웠다. 동시에 두 가지의 일을 하는 모습은 한 가지만 몰두하는 나와는 정반대였기 때문이다. 그 모습은 마치 시간 내로 신속 정확하게 일을 처리하는 모습처럼 느껴졌다.

'나도 저런 면이 있었으면 좋겠다.'

그런데 전생 체험을 하니 왠지 타고난 나의 기질과 성향을 존중해 주고 싶었다. 뒤돌아볼 수 없는 절체절명의 위기와 순간들을 겪고 있는 나에게 두 가지 다른 일을 동시에 한다는 것은 불가능했다. 그래도 한국으로 돌아가면 '멀티'에 도전해 보리란 생각이 들었다. 인도에 온 것도 내 취향의 선택을 넘는 시도였다. 나는 늘 새로운 방법을 시도해 보는 여자였다.

프로그램이란 스스로가 만들어 낸 고질적인 성향과 특징이라는 것, 그래서 비슷한 선택을 반복한다는 걸 느낀다. 가지고 온 물에 바짝

마른 입술을 대자마자 촉촉함이 머금어진다. 내가 조금 기특하게 느껴졌다.

룸메이트들과의 대화

'내가 미치지 않고서야…. 그런데 진짜일까?'

헛웃음이 나면서도 내 머릿속은 판단으로 가득 찼다. 이럴 때 보면 나는 이성적인 보통의 사람이라는 걸 느끼게 된다. 저녁 식사를 하기 위해 식당으로 향했다. 약간의 밥과 과일을 가져다 먹으면서 멍하니 앞을 보았다.

'깊은 생각은 하지 말고 일단 푹 자자.'

나는 일찍 숙소로 들어가 씻고 잠을 청하기로 했다. 그때였다. 나와 같은 방을 쓰는 일행들이 내 옆에 다가왔다. 반가운 얼굴로 우리들은 인사를 나누었다. 나는 그들에게 전생을 경험했냐고 물어보았다.

"제가 본 게 맞는 건지 알고 싶어요."

내 말에 주변 사람들이 각자의 답변을 내놓았다. 자신들의 경험담이었다. 옳고 그름을 따지는 건 마인드의 속성이기도 한 것 같다. 어느새 나에게 '의심'이라는 마인드가 찾아왔다.

우리가 저녁 식사를 마치고 다 함께 숙소로 돌아가던 중이었다. 그중 한 명이 내게 말했다.

"민아 씨처럼 나도 그런 적 있었지. 그런데 여기서는 올라오는 감정을 그대로 받아들이고 경험하고 그것과 머무는 게 중요하다고 했어요. 알려주려는 것일 수도 있고요."

우연처럼 내 옆에 나타난 그녀의 말이 내 가슴에 와닿았다. 마음속으로 물었던 궁금증의 해답을 간혹 다른 사람을 통해 들었던 것 같다.

나는 어릴 때 고집이 센 편이었던 것 같다. 싫은 건 잘 하지 않으려고 했던 걸 보면 말이다. 그래서일까 내 주변도 고집 센 아이들이 많았다. 나는 그 아이들을 보면서 다른 사람 말을 듣지 않는다고 답답해했다. 그런데 그 모습이 나이기도 했다.

우리에게는 늘 통로가 있다. 언제나 새로운 전환을 맞을 가능성을 보는 것이다. 책이나 인터넷을 통해서 들어오기도 한다. 길을 지나치다 문득 생각날 수 있다. 그런데 대부분은 주변 사람을 통해 받는 경우가 많다. 그래서 삶은 관계인 것이다. 건강도 부도 직업도 모두 연결돼 있기 때문이다.

그런데 도가 지나친 고집은 나만의 틀 속에 있게 한다. 그게 심해지면 소통 불가인 아집이 된다. 나는 아집을 가진 어른이고 싶지 않았다. 자기주장이 강하다는 건 어찌 보면 고집이 센 사람이기도 한 것 같다. 그래서 융통성이 필요하다고 느끼게 된다.

숙소에 돌아와 침대에 누워 잘 준비를 했다. 그러다 내 침대 옆 룸메이트와 눈이 마주쳤다. 그녀는 개구쟁이 같은 미소를 품고 나를 보고 묻는다.

"어땠어?"

약간의 콧소리에서 부드러운 애교가 있다.

"진짜인지 안 믿어지고, 웃기고…."
"그래. 중요한 말을 전해야 하는 사람이니까…."
"하하…."

내 이야기를 흥미롭게 듣던 그녀가 긍정적으로 대답해 주었다. 나는 순간 머쓱해진다. 룸메이트는 가족에 대한 고민 때문에 이곳에 왔다고 했다. 그녀에게서 나의 가족을 본다.

"선생님, 나도 이제 엄마 잘 챙기려고요."

뜬금없는 내 말에 빙그레 웃는 룸메이트가 앞에 있다. 같이 따뜻하게 공감해 주는 그녀에게 고마운 마음이 들었다.

"그럼요 잘해드려야지."

나는 한참 동안 그녀의 이야기를 들었다. 그리고 알게 된다. 룸메이트는 나처럼 호기심이 많은 사람이라는 걸 말이다. 나만큼 탐구하길 좋아하는 사람이었다. 그에 대한 이미지가 좋은 방향으로 선회한다. 모든 게 관점인가 보다. 그리고 룸메이트와의 대화를 통해 호마를 해야겠다는 결심이 섰다. 내일은 집단 호마가 있는 날이기도 하다.

"자! 오늘 수다는 여기까지 하고, 이제 밤이 깊었으니 그만 잡시다."

누군가의 외침으로 모두가 잠자리에 든다. 내일은 새벽부터 바쁜 날이다. 우리는 지그시 눈을 감으며 내일을 위한 채비에 들어갔다.

정화의 시간들

집단 호마와 신성의 숲

그 날은 아침부터 비가 엄청나게 쏟아졌다. 왠지 비 내리는 날씨가 썩 반갑지 않았다. 그렇지만 우리에게는 비를 피하며 걸을 수 있는 길이 있다. 그 길을 따라 내리는 빗소리를 들었다. 호마를 위해 나를 비롯한 모든 사람들이 아침 6시에 분주하게 움직인다.

"깨끗하게 샤워하고 옵니다."

어제 끝날 무렵 우리에게 주의사항을 말해준 강사의 목소리가 떠올랐다. 몸을 정갈하게 한다는 건 마음을 비우고 다듬는 기초 작업이기도 한 것 같다. 그래서 너도나도 할 것 없이 새벽부터 샤워를 한다.

호마를 위해 세워진 구조물은 튼튼해 보였다. 하지만 비가 고인 물 웅덩이가 곳곳에 눈에 띄었다. 많은 사람들이 앉을 공간이 좁아지고 있었다. 우리는 명상홀에 앉아 대기했다. 남자 선생님 한 분이 마이크를 들고 우리를 향해 말한다.

"여러분들은 정말 운이 좋네요. 오늘은 신성의 숲으로 호마를 하러 갑니다."

여기저기 환호성이 터져 나왔다.
'신성의 숲?'
나는 살짝 흥분됐다. 과연 '신성의 숲'은 어떤 곳인지 알고 싶었다. 우리는 버스를 타고 비포장도로를 30여 분 넘게 달렸다. 그리고 깊은 산속에 위치한 어느 장소에 도착했다.
'이곳이 신성의 숲이구나.'
우리는 직감적으로 느낄 수 싶었다. 비를 흠뻑 맞은 인도의 숲은 가히 매혹적이었다. 절로 산 할아버지가 구름 모자를 썼다는 동요가 생각났다.

"엄마, 저 산 좀 봐. 산허리에 안개가 있어. 너무 멋지다."

듣고 있던 우리 가족도 슬쩍 보고는 이런 곳이 있냐며 감탄했다.

"나는 운이 좋네. 이런 경치를 볼 수 있는 집에서 산다는 게…."

집 안에서 몰래 즐겼던 산 경치가 있었다. 그 경치는 비가 오는 날이면 빛을 발했다. 그래서 비가 오는 날에는 집에 콕 박혀있었다. 집에서 자욱한 안개가 낀 산등성이를 보는 게 낙이었기 때문이다. 보고만 있어도 말이 필요 없는 감동이 있었다.

그런데 이제 아파트 공사 현장이 들어서면서 그 경치를 볼 수 없게 되었다. 집 안에서 구경하던 멋진 산의 풍경을 이곳에서 보게 되니 감개무량하다.

버스에서 내려 주위를 살피니 방문객을 위한 화장실 건물이 보였다. 그리고 조금 더 걸었다. 호마를 하는 장소가 나타난다. 땅이 질퍽해서 푹푹 빠졌다. 그래서 나는 입고 있는 흰옷이 더러워질까 내심 조마조마했다.

우리는 안내를 받은 장소로 들어간다. 정확히 호마를 하는 장소이다. 일찍 와서 자리를 잡고 있는 사람들이 보였다. 그 틈에 서서 들고 온 요가 매트를 깔고 앉았다.

호마는 불로 정화를 하는 강력한 방식이다. 두 명의 사제들이 앉아 호마를 진행하는 모습을 보았다. 불이 활활 타오르는 자리에 무언가를 뿌리면서 중얼거리는 모습이 신비로워 보였다.

'샤머니즘인가?'

아마존과 같은 지구촌 깊숙한 숲속 어딘가에는 옛것을 고수하고 지키는 원시 부족이 있다고 한다. 그들도 이처럼 살고 있을까 싶었다. 문명사회에서는 과학으로 설명되지 않는 것은 미신으로 취급한다. 그런데 지금도 과학으로 풀지 못하는 미스터리가 있다고 한다. 왠지 우리는 그 미스터리를 마주하기 위해 온 것만 같았다. 탁 트인 자연 속에서 호마를 하는 인도의 아침은 평화로웠지만 이상한 기분이 들었다.

1년 전, 나는 인도의 한 숲에서 기도를 하고 있으리라고는 상상도 못 했다. 예측은 아무 소용이 없었다. 오로지 인도에 있는 나를 볼 뿐이다. 타오르는 불을 보며 기도를 하는 진지한 절차가 이어진다.

"자, 여러분들이 원하는 세 가지 소원을 비세요."
"그리고 완전히 내맡기세요."

어른이고 아이고 할 것 없이 모두 경건해진다. 가슴에 손을 모으고 염원을 바랐다. 의식 절차가 끝을 달리면서 불 속에서 아르띠가 활활 타오르는 걸 본다.

"차례대로 나와주세요. 다 끝나신 분은 뒤에 가서 나눠주는 약밥을 먹습니다."

우리의 머리 위에 물을 뿌리고 깨끗한 또 다른 물을 두 손으로 받게 한다. 성당에서 미사를 볼 때 성수를 주는 것처럼 사제의 축복 예식을 통해 거룩해진 물이었던 것 같다. 모두의 손에 물이 고여있다. 한결 맑아진 마음을 들여다본다. 나는 비에 젖은 신발을 신고 터덜터덜 걸어 내려왔다.

"어디가 신성한 것일까?"

주위를 둘러보며 혼잣말을 한다. 집 근처에 있는 숲과 다를 바 없어 보였다. 아직 풀리지 않은 의문이 마음속에서 올라왔다. 새소리가 아침을 알린다. 그렇지만 조용하고 아름다운 장소라는 것만은 분명했다.

'다음에는 더 알 수 있기를….'

버스로 가는 길에 내 옆을 바싹 붙어서 따라오던 개가 있었다. 돌아다니는 개에게 함부로 먹을 것을 주지 말라는 주의를 받았기 때문일까 나는 친근하게 다가갈 수 없었다. 간절한 눈빛으로 약밥을 달라는 개의 모습에서 연민을 느낀다.

'미안해.'

나는 휙 고개를 돌려 버스에 올라탔다. 가끔씩 신성의 숲에서 만난 개가 생각난다. 연민은 불쌍하고 가엾게 여기는 마음이라고 했다. '어엿비 여기다.' 중세 국어에서 불쌍하게 여긴다는 뜻이었다.

그런데 지금은 예쁘게 여기는 것으로 의미상의 변화가 생겼다. 신성의 숲도 멀리서 찾아온 이들을 어여삐 여기는 게 아닌가 싶다. 두 가지 의미가 공존할 수 있는 곳이라는 생각이 들었다.

차에 시동을 거는 소리가 들린다. 다음 수업을 위해 지체할 수 없나 보다. 창밖에서 불어오는 바람이 긴장을 풀어준다. 또 다른 입구에 들어가기 전 우리가 차 안에서 누리는 휴식은 달콤했다.

달샨(Darshan)

"오늘 스리 바가반과의 달샨이 있습니다. 가까이에서 보고 싶은 분들은 앞으로 나오셔도 좋습니다."

명상홀 안은 사람들이 웅성거리는 소리로 가득하다. 인도의 영적 지도자이자 깨어난 사람인 스리 바가반(Sri Bhagavan)을 만나는 시간이었기 때문이다.

'후광이 비친다.'

용모가 예쁘거나 멋진 사람들에게 주로 쓰는 말이다. 하지만 이들을 보면 절로 이 말을 하게 된다. 꼭 아름다움이 외모에서만 나오는 게 아니라는 걸 알게 해주는 사람들이었다.

나는 한국에 있을 때 딕샤(Deeksha)를 주변 지인들을 떠올리며 자주 주곤 했다. 딕샤는 인도말로 '축복'이라는 뜻이다. 그리고 타인에게 축복을 주는 건 곧 나 자신에게 주는 것임을 깨닫는다.

사람들이 대형 스크린 앞에 옹기종기 모여있다. 발 디딜 틈 없이 빼곡한 자리를 보고 나는 그대로 앉아있기로 결정했다.

"곧 화면에 나옵니다."

이 말이 끝나자마자 우리가 그토록 기다린 스리 바가반의 모습이 대형 스크린에 나타났다. 사람들이 지르는 환호성이 그 어느 시간보다 크게 들렸다. 따뜻하고 포근하면서 강한 에너지가 느껴진다. 나는 참았던 피곤함이 한꺼번에 몰려오는지 자꾸만 눈이 감겼다. 하지만 잠들지 않으려고 무던히 애썼다. 그의 가르침은 명료했다. 무엇이 삶에 충족을 주는지 생각해 보게 하는 대목들이었다. 그리고 삶의 비전을 세우는 순간이었다.

"민아 씨가 그 일을 지망하게 된 비전이 있는지 궁금하네요."

인도에 오기 전 나는 지인에게 '비전'이 무엇이냐고 듣게 되었다. 그 말에 고개를 갸우뚱거렸다. 그리고 대답했다.

"비전은 없어요. 그냥 하고 싶으니까요."

그런데 그 질문이 오래도록 기억에 남았다. 나는 자기 전 밤마다 생각했다. 왜 내가 원하는 일을 이루고자 매달렸는지 말이다. 비전이라는 것도 찾아보았다. 하지만 어떤 답도 명확하게 떠오르지는 않았다.

"언론빠들은 자기가 하고 싶은 대로 하고 살아야 돼요."

퇴사를 하던 날이었다. 같은 팀 대리가 책상을 정리하고 떠나는 나를 보고 말한다.

"언론고시 보는 사람들은 일하는 걸 대단한 일이라고 생각하는 것 같아요. 그저 생계일 뿐인데 사명감 같은 게 있어야 한다고…!"

나는 웃음이 터졌다. 그런데 남자 대리의 말도 틀린 말은 아니었다. 누군가에게는 대단한 일이지만 어떤 이에게는 먹고사는 일이었다. 그래서 한동안 나는 직업에서 소명 의식(부여된 일에 책임감을 가지고 수행해야 한다는 의식)이 있다는 건 좋은 일일까 싶었다. 어찌 보면 자신의 일에 자부심을 가지고 자랑스러워하는 건 긍정적으로 자신을 고취시키는 장점이 있었다. 그래서 나는 나만의 비전은 무엇인지 생각해 보지 않을 수 없었다.

극한 알바 중 하나로 꼽힌 야간 택배 아르바이트를 한 적이 있다. 작업장에서는 초면인 사람에게도 반말과 욕을 섞어 말했다. 하지만 별다른 말을 할 수 없었다. 나는 라인 끝에서 분류 작업을 했다. 그러다 대화를 나누게 된 내 옆의 남자는 3개월 동안 이곳에서 일하고 있다고 말했다.

나는 그 말에 살짝 기겁을 했다. 그렇게 밤을 새우고 일한 노동의 대가는 최저 임금의 문턱에 걸려있었고, 작업장은 열악했다. 적어도, 이 세계는 이런 곳이구나 싶었다.

"우리가 사회 밑바닥 인생들 같지? 다들 불친절하고 욕 잘하고… 아니야. 여기 다 사람 사는 곳이야. 알고 보면 따뜻하고 착한 사람들이야. 너 나중에 언론사에서 일하고 싶다고 했지? 그럼 우리가 어떻게 작업하는지 보여? 이런 거 좀 알려줘. 힘들게 일하는 거 봐봐. 부당한 대우가 바뀔 수 있게."

나에게 일을 가르쳐 주던 남자는 처음 보는 나에게 열변을 토했다. 남자의 마음 안에 울분이 느껴졌다. 안타깝게도 나는 그럴 힘이 없었다. 그 대신 나는 침묵했다.

침묵. 때로는 열 마디 말보다 압축적이고 강한 힘이 있다. 침묵함으로써 상대에 대한 배려와 위로를 담았다. 하지만 중요한 걸 느꼈던 것 같다. 그 남자 덕분에 아직도 나는 소명 의식에 대해서 생각해 보게 된다. 그래서 비전은 계획이나 포부가 아니라는 걸 안다. 그 안에는 나를 넘어선 공동체가 있었다.

스리 바가반은 우리에게 '왜 너희가 이곳에 왔는지 아는가?'부터 물어보았다. 목적에 대한 명료함이다. 대답은 다양했다. 지혜와 지성을 얻기 위해 혹은 깨어나기 위해서 같은 답이 쏟아져 나왔다. 예상을 깬 말이 나왔다.

"철학 선생님이 되는 것입니다."

요즘 취업이 안 되는 과는 등한시한다. 한때 인문학과를 폐지하는 대학도 있었다. 대학에도 자본주의식 성과 위주의 바람이 분 것이다.

그런데 우리가 쓸모없다고 생각하는 철학 안에는 고찰이 있다. 현실을 꿰뚫어 보는 힘이 있는 것이다. 종종 사람들은 어려움을 해결하기 위해 고전에서 방법을 찾는다.

고전 안에 처세술이 있고 불변하지 않는 진리가 있기 때문이다. 그래서 우리 곁에서 함께 살아 숨 쉴 수 있는 것 같다.

스리 바가반의 대답에 아무 생각이 들지 않았다. 그를 보고 있는 것 자체가 판단을 멈추게 했기 때문이다. 스크린에서 뿜어져 나오는 그의 눈부신 오라를 느껴본다. 목적에 대한 깊이와 확고함이었다. 그가 화면에서 사라지자 참았던 잠이 쏟아졌다. 요가 매트가 있는 곳에 가서 편하게 누웠다.

"잠시 20분 쉬는 시간을 갖겠습니다."

나는 안도감과 희열을 느낀 채 잠시 눈을 붙였다. 이곳에 와서 잠을 많이 잔다. 뇌가 새로운 것을 받아들일 때 일어나는 현상이라고 했다. 나는 좋은 것이겠거니 여겼다. 잘되고 있는가에 대한 불안감이 가셨다.

미트라

"언니…?"

내 옆에 있던 언니가 슬쩍 나를 쳐다본다. 그녀의 첫인상은 조용하면서도 예민한 기질이 있어 보였다. 하지만 착하고 타인의 이야기를 잘 들어주었다. 나이 차이가 얼마 나지 않아서일까 우리는 언니 동생으로 금세 친해졌다. 이름까지 비슷하고 사는 곳이 같은 점도 한몫 거들었던 것 같다. 인도를 오가는 비행기 안에서 우리는 신나게 수다를 떨었다. 그리고 인도에서 서로의 미트라가 되었다.

그녀는 고등학교 미술 선생님이었다. 사람들은 주로 언어나 느낌으로 대상이나 사물을 표현한다. 그런데 그녀는 나를 색깔로 말하기도 했다. 미술을 전공한 사람다운 세심함이었다.

"어머, 정말이야?"

그녀는 내 이야기를 듣자마자 처음에는 재미난다는 듯 웃었다. 그런데 나중에는 점점 진지해진다. 그녀가 말하길 자신은 전생을 보지 못했다고 했다.

"나는 우리 가족의 건강과 관련한 게 경험됐어. 그래서 몸이 많이 아팠어."

미트라의 말을 통해 우리는 서로 독립된 개체여도 상호 연결되어 있다는 걸 깨닫게 해준다. 인도에 오니 동행이 있다는 건 즐거운 일이었다. 그들 덕분에 삶의 활력이 있기 때문이다. 이곳에 와서 혹시 혼자일까 걱정할 필요가 없었다. 오히려 동행들이 다가와 내게 친절함을 베풀었다.

미트라는 산스크리트어로 친구라는 뜻이다. '낯선 사람' 그리고 '새로운 사람'을 의미하기도 한다. 영적인 동행이자 진정한 우정을 나눌 미트라와 교류하며 나를 알아가는 시간은 때가 되면 우리의 삶에 찾아오는 것 같다. 그래서 미트라는 나의 내면 깊숙이 감춰놓은 것을 건드려 준다. 드러나야 직면할 수 있기 때문일 것이다. 그래서일까 미트라는 서로가 필요한 점을 배울 수 있는 사람으로 짝지어 주는 듯싶다. 서로 영향을 받고 성장하기 위해서이다.

미트라와의 일화 중 가장 인상 깊었던 나눔이 있었다. 아침에 눈을 뜨면 그녀의 자리는 늘 비어있었다. 나는 아침 조식을 먹으러 나가지 않았을까 추측만 했던 것 같다. 그러다 같이 비행기를 타고 온 다른 일행 한 명과 함께 잠깐의 휴식 시간을 가지게 되었다.

"민아 씨 뭐 먹을래요? 내가 낼게."

나는 내심 좋기만 했다. 챙겨온 인도 루피가 다 떨어졌고 음료수를 사 먹고 싶었다. 한국에서 먹던 음식들이 하나둘 생각나고 있었다. 나는 기다렸다는 듯이 포도 주스와 먹고 싶었던 커피를 골랐다. 우리는 인도에 와서 처음으로 오붓하게 다과를 즐겼다. 보통의 일상이었다. 나중에 인도를 떠나며 공항으로 달리는 차 안에서 미트라가 내게 말했다.

"민아야, 너는 어떤 걸 인식하고 그것을 받게 되면 감사하는 것 같아."

나를 관찰한 미트라에 따르면 자신은 무언가를 받으면 그걸로 끝이라고 했다. 그런데 나는 받은 것에 감사를 표현한다는 것이다. 어느새 익숙해져서 당연하게 여기고만 있었던 것 같다. 나는 의사소통을 중요하게 생각하는 사람이었다. 그래서 표현하는 걸 좋아하는 편이기도 했다.

"나는 커피를 마시고 싶었어."
"언니, 다 모여서 커피 마셨잖아요."
"난 아침에 먹길 바랐어. 그런데 오후에 오라고 해서 못 마셨지."

언니의 아쉬움이 느껴졌다.

"언니 전 언제 와도 상관없어요. 언젠가는 원하는 대로 되더라고요."

나의 말에 미트라의 눈이 커진다.

"아…! 그게 너랑 나랑 다른 점인가 봐."

나는 언니의 말을 별 대수롭지 않게 여겼지만 미트라는 나를 통해 새로운 걸 배웠던 것 같다. 나의 모습이 누군가와 공명한다는 걸 안다. 그걸 깨닫게 해주는 사람이 미트라였다.
그런데 미트라는 미트라였던 것 같다. 내가 한국에 돌아와 일과 사람에 치여 지쳤던 적이 있었다. 그때 그녀가 살며시 내게 다가왔다. 그리고 필요한 선물 하나를 주고 갔다.

"민아야, 선물이야."

겸연쩍게 웃는 그녀가 '5분 아침 일기'를 건넸다. 다름 아닌 감사할 것을 적어볼 수 있는 노트였다. 나는 놀랄 수밖에 없었다. 내가 어떤 이야기를 말할 때마다 언니는 가끔 냉소적으로 답했다.

"네가 그렇게 생각하니까 그런 거 아니야? 아무도 그렇게 하지 않아."

나는 몰라보게 따뜻하고 포근해진 언니의 변화가 좋았다. 그런데 언니와 정반대로 이제 내가 감사를 잊고 살고 있었다. 그녀 말로는 내가 자신의 꿈에 나왔다고 한다. 그리고 혹시 좋은 일이 있냐며 때마침 연락을 해온 것이다. 가장 필요한 순간에 날 찾아와 주었다는 걸 알게 된다.

이제 내가 미트라에게 고마움을 느낀다. 그녀는 나를 통해 자신에 대한 탐구를 했던 것 같다. 그리고 실생활에 적용했다. 그 뒤 한 차례 더 횡단보도에서 우연히 만나 인사를 나눴다. 처음 인사할 땐 얼굴에 밝은 미소가 있었다. 그런데 안 좋은 일이 있었던 것 같다. 이야기를 나누다 그녀의 낯빛이 살짝 어두워졌다. 그리고 나를 쳐다보며 말했다.

"나를 성장시키려고 그러는 것 같아. 모든 게 나의 책임이야."

나는 왠지 아무 말도 할 수 없었다. 막무가내처럼 앞만 보고 달리는 것만이 성장을 의미하는 게 아니었다. 알아차림 속에서 배우는 태도야말로 진짜 어른이 되는 길이었다. 우리는 어떤 일이든 태도가 모든 것을 좌우한다는 걸 알고 있다. 그녀는 자기 삶을 책임질 줄 아는 성숙한 사람이었다. 미트라와 웃으며 다음을 기약했다. 인도에서 뜻밖의 수확을 얻었다. 인연이라는 값진 선물이다.

의식

"의식은 자아에 대한 감각입니다. 모든 것이 의식에 현재합니다. 그래서 의식에 혁명이 일어나면 감정과 행동이 변화됩니다."

"삶의 상태는 두 가지 상태만 있습니다. 고통스러운 상태와 아름다운 상태입니다. 고통 상태는 자기중심 생각입니다. '나'의식이라고 말하죠. 자신뿐 아니라 다른 사람도 파괴합니다. 외부 상황에서 무엇을 하건 나아지지 않습니다."

"하나의 의식이라는 아름다운 상태에서는 다른 사람과 연결되어 있죠. 그래서 동시 발생이 일어납니다. 소망을 구현시킬 수 있는 가능성이 열립니다. 자신이 사랑을 주거나 가져오는 사람인지 혹은 자신의 감각적인 생각만 하고 있는지 살펴봅니다."

어느새 인도에 온 지 일주일이라는 시간이 흘렀다. 이곳의 수업에 빠져들수록 우리는 더 많은 것을 받아들이는 중인듯싶다. 오늘은 '의식' 상태가 우리 삶에서 얼마나 중요한지 듣게 되는 날이었다.

언제부터인가 우리 삶에 AI라는 인공지능이 스며들어 왔다. 가까운 미래에는 인간의 뇌와 컴퓨터가 결합된 생물학적 시스템이 개발되거나 인간의 신체 중 일부가 로봇으로 대체되는 경우가 생길 수 있다고 한다. 이처럼 기계와 인간의 경계가 사라질 것이라고 예측했다.

두뇌는 의식의 흐름을 처리하는 곳이다. 흐름의 부분을 건드리면 신경학적 생각으로 동결된다. 우리가 눈으로 본다고 생각할 수 있으나 실제로는 두뇌가 보는 것이다. 우리 눈은 두뇌가 아는 것만을 확인한다. 이러한 일련의 과정으로 우리는 보고자 하는 현실을 보고 있다.

그런데 불행 중 다행일지도 모르겠다. 아직 '유연한 사고'를 하는 AI 시스템은 없다고 하니 인간의 창의력과 인지 능력은 미스터리 속의 '가능성의 장'인 것이다. 내가 있는 인도 캠퍼스는 '마음'과 하나 되는 곳이기도 하다. 마음은 무한대의 영역이다. 그런데 그 마음은 무엇을 반영하는 창인가? 바로 지혜일 것이다. 이는 감정에서 나온 성찰을 통해 만들어진다.

관심이 있는 곳에 에너지가 흐른다고 했다. 에너지는 의도이다. 바로 그곳에 우리의 의식이 있다. 모든 에너지 파동은 잠재적인 사건들을 지니고 있다고 한다. 의식과 에너지가 있는 곳에 현실이 만들어진다. 그래서 우리 삶에서 의식은 매우 중요하다.

일주일이 조금 넘는 시간 동안 인도에 있으면서 깨닫게 되었다. 나의 마음이 진정으로 보는 것은 결핍이며 이상을 쫓아다닌다는 것을 말이다. 그 진실은 나를 씁쓸하게 만들었다.

"높은 의식 상태는 연결성이 있죠. 즐겁고 행복하고 감사하는 마음이 있죠."

"반면에 고통과 후회, 분노, 화, 두려움, 죄책감들은 낮은 의식 상태입니다. '나'라는 의식에 국한되어 있습니다. 성공이 제한적으로 들어올 수밖에 없습니다."

과거 《시크릿》 부류의 책이 돌풍을 일으키며 '상상하면 꿈이 이루어진다'라고 말했다. 그래서 나도 방법론적인 서적들을 찾아 여러 권 읽어보았다. 대부분의 책은 긍정을 강조했다. 마치 긍정의 세상에 빠질 것만 같았다. 물론 긍정은 좋은 에너지가 맞다. 그래서 주변 사람들도 행복하게 할 수 있는 힘이 있는 건 사실이다. 하지만 중요한 건 그런 게 아니었던 것 같다.

"긍정적인 게 좋다는 거 누가 몰라요?"

나와 이야기를 나누던 상대가 화를 내며 말했다. 다소 격앙된 소리로 말하는 그의 말에 공감이 갔다. 긍정적인 상황이 아님에도 애써서 긍정할 수 있는 사람은 그리 많지 않은 것 같다. 나의 마음은 그렇지 않다는 방증인 것이다.

우리는 알게 된다. 마음과의 조화를 이루어야 바랐던 시크릿이 이루어지는 것을 말이다. 그래서 원하는 것의 뿌리 생각을 꼭 들여다볼 필요가 있다.

우리의 의식 안에는 숨은 보석이 있다. 다이아몬드는 경제적인 값어치가 높다. 그런데 다이아몬드는 탄소라는 원소로 이루어져 있다. 우리의 의식도 들여다보면 DNA라는 코드로 시작한다.

의식은 알아차릴 때 다이아몬드처럼 빛이 난다. 그래서 생각이 물질이 되고 현실에서 경험하게 되는 것 같다. 그 예로 반세기 전에 상상만 했던 자율주행차, 드론, 로봇, 증강현실, AI, 사물인터넷과 같은 첨단 과학 기술 속에서 사는 것이다.

"엄마 어릴 때는 다들 개인 차를 가지게 될 거라고 했는데 지금 사람들이 그렇게 산다."

언젠가는 하늘을 나는 택시가 상용화될지 모른디는 말을 꺼내자마자 엄마가 내게 말했다. 앞으로 우리 의식에서 꺼내진 보석들이 얼마나 멋지게 가공되어 세상 밖으로 나올지 사뭇 기대가 된다.

뇌의 뉴런이 점화할 때 두뇌에 있는 정보와 그림이 일치한다고 한다. 우리 뇌의 전두엽이 활성화되는 것은 창의적이며 융합적이고, 다양한 사고를 할 때이다. 전두엽은 우리 뇌에서 사고 작용을 하는 부분이다. 한 가지 흥미로운 것은 단순 암기를 할 때 전두엽이 활성화되지 않는다는 점이다. 인도에 와서 명상을 하니 세상이 원하는 인재상은 전두엽이 발달된 사람이 아닌가 싶다.

하나의 마음 상태에서는 지금 이 순간만 존재한다. 우리의 의식은 매일 삶을 창조하고 있다. 어떤 마음 상태인가에 따라서 우리의 세상은 고통이자 기쁨이다. 인도 캠퍼스는 내게 왜 이로운 마음 상태를 품어야 하는지 알려주고 있었다. 많은 통찰이 올라올 수 있었던 것도 마음을 반영한 의식을 탐구했기 때문이었다.

새삼 나의 주의력과 민감한 관찰력이 이렇게 고마울 때가 있을까 싶다. 민감하다는 것은 반응에 날카롭고 빠르다는 것을 말한다. 오늘도 우리는 의식의 바닷속에서 유유히 헤엄치며 번개처럼 반응한다. 그래서 끝도 없는 미지의 것을 깨닫는 중이기도 한 것 같다.

고요한 마인드(Serene Mind)

여정이 막바지로 향하고 있다. 핸드폰 달력을 보니 벌써 8월 중순을 달려가고 있다. 앞으로 인도에 지낼 수 있는 시간이 이틀밖에 남지 않았다. 내게 조금이라도 남아있던 잡다한 생각들이 사라지고 있었다. 인도 캠퍼스에 적응한 내 모습을 보는 건 또 다른 즐거움이었다. 물론 캠퍼스 밖을 나가면 생각이 달라질 수도 있을지도 모른다. 그래도 나는 지금을 즐기고 싶었다.

"여러분 몸을 한번 일으켜서 움직여 볼까요?"

오전 수업 시간에 모두가 지쳐있었나 보다. 스트레칭으로 피곤함과 지루함을 동시에 날려버린다. 우리를 보며 환하게 웃는 강사에게서 수업에 대한 확고한 의지를 본다. 몸을 풀자마자 우리는 다시 수업에 열중했다.

"이것은 멈춤의 예술입니다. 내면에서 서두르지 않는 것이죠. 고통이 몰려오면 멈추고 그것을 인식합니다. 그리고 과거로 가는 움직임을 압니다."

"우리는 작은 문제를 크게 과장하고 확대하죠. '~할지 모르는' 상상을 합니다. 희생당할 가능성을요. 과거에서 미래로 투사하는 것입니다."

"지금 느끼는 걸 인식합니다. 일어날 수 있는 조용한 성장이라고 말합니다. 이것을 '고요한 마인드'라고 부릅니다."

"고요한 마인드로부터 우리는 삶을 경험합니다."

나는 이 이야기를 듣자마자 지나간 사건들이 떠올랐다.

"우리의 마음이 큰 혼란을 겪을 때 하면 좋습니다."
"이것은 '스린 마인드'라고 합니다."

그녀는 우리에게 스린 마인드 명상을 소개했다.

"등을 곧게 펴고 고요히 앉습니다. 그리고 움직이지 않습니다. 세 번의 의식적인 호흡을 합니다. 그리고 내면의 상태를 인식합니다. 불편함을 지켜보세요. 과거에 집착하는지 혹은 미래에 투사하는지요."

"미간 중간에 시각화를 합니다. 밝은 빛이나 황금빛 불꽃을요. 그리고 우리의 중간뇌로 들어가는 것을 봅니다."

"뇌를 밝은 빛이 비춥니다. 밝은 빛과 함께 살며시 미소를 지으면서 눈을 뜨세요."

이 명상은 심리적인 안정을 주는 효과가 있다고 한다. 그래서 매일 평온한 상태를 유지하기에 좋다고 했다.

"그럼 이제 스린 마인드 명상을 해볼까요?"

인도에 와서 제일 많이 하는 게 명상이었다. 그런데 우리는 매일 한 꺼풀씩 벗겨지고 있다. 그래서 '진짜 나'를 찾아가는 길은 조급하지 않고 삶을 관찰하는 것임을 배운다. 이번에는 3분이라는 시간이 금방 지나갔다. 그렇지만 나는 어떤 과정보다 단순해서 좋았던 것 같다.

고요한 마인드. 1년 반 넘게 지냈던 성산동 자취 생활을 떠오르게 한다. 취직을 위해 집 가까이에 있는 아카데미와 필기 학원을 드나들었던 시절이었다. 원하는 것을 준비하는 건 좋았다. 하지만 내 마음은 전쟁터였던 시기였다. 그런데 그 내면의 전쟁을 종결시킬 수 있는 방법을 지금 배운듯싶다.

'다 잘될 거다'라고 노트에 무작정 적는 것으로 힘든 마음을 보상받았다. 나는 그때의 자신에게 고요한 마인드를 알려주고 싶었다. 수업이 끝나고 나는 나의 몸을 두드리며 말했다.

"그때 고생 많았다. 열심히 했어."

다른 사람과 비교하며 지나치게 부족하다며 몰아세웠던 지난날의 나에게 미안해진다. 그리고 한결 너그러워진 나를 본다. 시간이 흘러서

돌이켜 보니 내가 했던 노력을 나 스스로가 알아주길 원했나 보다.

어느 누구나 그러지 않을까 싶다. 다른 사람이 아닌 스스로가 나의 노력을 인정해 줘야 한다는 것을 말이다. 세상에서 가장 불공평한 행위는 어쩜 자신을 사랑하지 않는 것일 수도 있다.

인도 땅에서 나는 잔잔한 행복을 느낀다. 시간이 흐를수록 사는 게 고통이 아니라는 것을 가슴으로 깨닫는다.

분리와 연결

"여러분이 분리 의식 상태에 있게 되면 어떤 일이 발생할까요? 여러분이 창조하고 가진 것을 잃게 되죠. 그리고 성공을 즐기지 못하게 됩니다. 이는 기쁨을 즐기지 못하는 것과 같아요."

"영적인 의식은 하나의 의식을 경험하는 것입니다. 그래서 우리는 무엇이 관계에서 분리되게 만드는지 아는 것은 매우 중요합니다."

고요한 마인드 명상 뒤 우리는 분리와 연결에 대한 수업을 들었다. 흔히 인간관계에서 내리는 판단과 분별은 '분리'로부터 나온다고 한다. 분리는 상처를 더 중요하게 여기는 것이다. 반대로 '연결'은 선택으로부터 시작된다. 우리가 다른 사람을 느끼고자 하는 마음이다. 그때 우리는 현재에 있게 된다. '하나' 의식 상태의 다른 말은 연결성을 가지는 것이다.

"사랑은 다른 사람의 기쁨을 느끼는 것이죠. 다른 사람과 연결을 느끼는 것입니다."

"여러분, 불평하는 사람은 다른 사람을 느끼거나 다른 사람의 경험을 느끼지 못하게 합니다. 우리가 얼마나 많은 상황을 비난하면서 듣고 보는지요. 불평하고자 하는 나의 집착에 주의를 두세요."

'왜 이런 사람들만 주변에 있지?'
언제부턴가 나는 속으로 말하는 게 많아졌다. 싫은 소리를 들을 때마다 분을 삭였기 때문이었다. 그런데 나는 종종 견디기 힘들었다.

"넌 강해져야 돼."

눈물 많은 나에게 누군가 안쓰럽다는 표정으로 던진 말이었다. 그런데 그 말이 비수로 꽂혔다. 마치 상대방이 "넌 나약해. 그러니까 강해져"라고 말하는 것만 같았다.
나는 믿을만한 사람에게 터놓고 싶어졌다. 하지만 다른 사람에게 말하는 건 부담스러웠다. 나의 비밀을 알게 되는 게 내키지 않았던 것 같다. 소리 없는 아우성이 내 마음을 가득 채웠다.

"관계에서 불편한 상황은 상대가 주는 고마움과 친절한 상황을 보지 못하게 합니다."
"이것은 상처에 머무는 선택입니다."

처음에 이곳의 수업을 들을 때만 하더라도 모든 내용들이 이상적이고 도덕 교과서 같았다. 하지만 시간이 지날수록 이곳에 와서 배우고 느끼며 경험하는 것들이 삶의 본질일 수도 있겠다는 깨우침을 얻었다.

하나의 의식 상태에서는 행복과 충족, 동시 발생, 기적, 평화, 즐거움, 삶의 만족을 느낀다. 무한한 사랑이 우리 삶에 나타나는 것이다.

그동안 나는 분리 의식에서 살아왔음을 본다. 그래서 오랫동안 상처를 선택하고 있었다. 불현듯 나의 마음 한편에 깨끗하게 비워뒀던 자리가 채워지는 기분이었다.

"여러분 현존 명상에 들어갑시다."

그리고 우리는 현존 명상에 들어갔다. 인도에 와서 하는 명상은 대부분 현재에 머무는 명상이었다. 그리고 보면 우리는 매일 사람과의 만남이 있다. 그래서인지 인간을 두고 사회적 동물이라는 말이 나온 것 같다. 물론, 혼자인 시간을 즐기는 경우도 있다. 하지만 우리는 자신만의 시간을 가지고자 하는 마음과 사람들과 어울리고자 하는 심리가 공존하고 있다.

그런데 사람들과 잘 지내거나 결혼을 해서 가정을 꾸리거나 또는 이상적인 연애를 하는 것으로 나의 원천을 완전히 메울 수는 없다. 사실상 우리는 타인과 관계를 맺으며 스스로 서는 법을 터득해 나가는 중이다. 내가 인도에 와서 지혜를 구한 것처럼 말이다.

앞으로의 시간이 기대가 된다. 예전에는 영원히 20대이고 싶었다. 그래서 나이 먹는 게 좋지 않았다. 그런데 이제는 그런 생각조차 희미해진다. 허용한다는 게 이런 것일까, 지금의 나에게 맞는 멋진 경험들이 흘러들어 올 것을 안다.

우리들은 각자 인생의 주연이다. 나 역시 내 인생의 주연이지만 때로는 다른 사람들을 위해 기꺼이 조연을 맡을 수 있을 것만 같다.

차크라

어느덧 여덟 번째 날이 밝았다. 매일이 다르기만 하다. 나의 머리가 점점 맑아진다. 오늘은 차크라를 만나고 정화하는 날이었다.

차크라는 산스크리트어로 '바퀴', '순환'이라는 뜻으로 우리 몸의 정신적, 감정적 기능을 담당하고 있는 에너지 센터이다. 인도에서는 인체 내부에 존재하는 7개의 차크라를 중요하게 본다. 그 이유는 정신적 힘의 중심이기 때문이다.

"오늘 배울 내용은 차크라입니다. 차크라는 내분비선이기도 합니다. 총 7개의 센터가 있습니다."

"생식기 쪽에 위치한 뿌리 차크라의 특징은 생존입니다. 잃을까 두렵고 부족함을 느낍니다. 어떤 것도 충분치 않죠."

"배꼽 아랫부분에 위치한 두 번째 차크라입니다. '당신보다 더 낫다'며 나를 증명합니다. 평화롭지 않죠. 진실을 감추고 덮습니다. 또 하나는 무언가 성취하고자 하는 것입니다. 어떠한 상황도 나에게 아름다운 상태를 줄 수 없습니다."

"세 번째 차크라는 배꼽 윗부분에 있습니다. 이곳은 다른 사람에 대한 힘과 지배가 있는 곳입니다. 당신이 우등하다는 욕구가 행동하게 만드는 곳이죠. 부를 추구하는 것 뒤에는 보여주고자 하는 정체성이 있습니다. 거만합니다. '나는 내가 옳다', '내 관점이 바르고 내 식대로 일어나야 해'라고 합니다. 당신이 누구인가의 문제이죠."

"네 번째 차크라는 가슴입니다. 가슴 차크라는 자신에 관한 것입니다. 즐겁게 기여하고 나누고자 합니다. 상대방에게 자비를 느낍니다. 사랑은 자신을 사랑하는 것에서 시작합니다. 자신을 비난하지 않고 보는 것입니다."

"다섯 번째 차크라는 목입니다. 이곳은 내면의 균형이 잡힌 상태에서 중심을 잡는 것이죠. 내가 하고 있는 일, 사랑하는 것 모든 경험의 총합입니다."

"다음 차크라는 이마입니다. 이마 한가운데 위치해 있습니다. 무엇이 당신의 삶을 충족해 주는지에 대한 앎을 아는 것이죠. 이는 명료함입니다. 변형을 위한 기여이며 락쉬미(부)의 상징입니다."

"마지막은 정수리 차크라입니다. 깊은 연결 속 기여를 하죠. 즐겁고 자비로운 상태입니다. 주는 것은 다른 사람이 당신의 일부임을 아는 것입니다. 이는 분리되지 않는 앎이기도 합니다."

나는 강사의 말을 듣고 깊은 생각에 빠져든다. 어떤 상태는 인도에 오기 전 내 모습이었기 때문이었다. 얼마나 자주 괴로움에 빠졌던가? 이 강의대로라면 나는 생존과 두려움 속에서 살고 있었다.

"우리가 진실을 보는 순간 평화가 있습니다. 그리고 부와 성취가 있습니다. 이것은 내면의 여정이기도 합니다."

우리는 타인에게 관심이 많다. 어떻게 사는지 궁금해한다. 그래서 TV도 생긴 게 아닌가 싶은 마음이다. 그런데 대개는 질투와 시기, 부러움이 더 많다. 그 마음은 항상 옆 사람의 속도와 나를 비교하게 만든다. 간혹 비교는 우리의 마음을 열등한 상태에 놓이게 한다.

"시간이 얼마나 걸리든 타인에게 관심을 두지 말고 존재에 분산이 없도록 합니다."

나는 타인에게 관심을 두지 말라는 이번 의미가 어떤 것인지 알고 있다. '나'에게 집중하는 일이다. 정확히 나의 내면에 관심을 두는 것이다.

"자, 미트라와 앉아서 서로의 손을 잡고 눈을 마주칩니다."

우리는 강사의 지시에 따라서 미트라와 마주 보고 앉았다.

"서로를 바라봅니다."

미트라와 나는 서로의 얼굴을 보고 웃음을 터트렸다. 기분 좋은 즐거움이었다.

"눈을 감고 미트라를 떠올리세요. 서로를 위한 기도를 합니다."

나는 미트라가 주변 사람들에게 사랑받고 행복하게 웃는 모습을 그렸다.

"눈을 뜨고 미트라와 인사를 나눕니다."

우리는 진한 포옹을 나눈다. 따뜻한 언니의 체온이 나를 감쌌다. 포근하고 다정한 느낌이었다.

"민아야, 나는 네가 보라색으로 보였어."
"나는 언니가 행복해하는 모습이 저절로 떠올랐지."

나는 미트라와 서로의 경험을 주고받았다. 그러고 보면 어릴 때부터 보라색을 좋아했다. 보라색 지갑, 원피스, 재킷까지 나에게 보라색은 왠지 모르게 끌리는 색이었던 것 같다.
보라색은 정수리 차크라에 해당하는 색이라고 한다. 이런 내용을 미리 알고 좋아했을 리가 없겠지만 조금은 합리화해 보고 싶기도 했다.

"다른 사람을 위해 기도하는 일이 얼마나 아름다운 일인가요?"

문득 반짝이는 눈빛으로 우리를 둘러보며 말하던 강사가 떠오른다. 오늘 나는 인상 깊은 경험을 했다. 우리에게 평화로운 마음이 찾아든다. 애쓰는 것조차 없었다. 단지 흐름 속에서 흘러가고 있을 뿐이었다. 잠시 휴식 시간이 주어졌다. 그리고 나는 의자에 앉아 숨을 돌렸다.

차크라 정화

"우리는 오늘 차크라 정화를 합니다. 여러분을 인도할 테니 순서대로 따라오세요."

잠깐의 휴식이 얼마나 지났을까 우리에게 다음 과정이 기다리고 있었다. 나는 의자에서 내려와 바닥에 앉아 미리 깔아 놓은 요가 매트에 누웠다. 어두워진 명상홀 안에 사람들이 제각각 넓게 퍼져있었다.

"누워서 천천히 보통의 호흡을 합니다. 해당 차크라 부위를 집중하세요. 숨을 들이쉽니다. 끝까지 숨을 참습니다. 그리고 내뱉으세요."

우리는 들숨과 날숨을 반복했다. 쉬워 보이는 것 같아도 꽤 힘든 일이었다.

"여러분 발끝에 주의를 둡니다. 숨을 들이마시고 참습니다. 그리고 내뱉습니다."

사람들이 거치면서도 부드러운 호흡을 내뱉는 소리로 가득 찼다. 강사는 우리의 특정 신체 부위를 외쳤다. 그리고 천천히 다리에서 배로 가슴, 목까지 올라왔다.

"이번에는 목입니다! 호흡을 하고 숨을 참으세요."

나는 아찔했다. 올라오는 깊은 감정을 주체할 수 없었기 때문이다. 목을 외치자마자 쏟아지는 눈물은 다른 말로 마음속에 있던 억압이었다. 나는 마음 놓을 장소가 필요했던 것 같다. 세상에서 가장 아픈 사람은 다름 아닌 나 자신이었다.

나보다 먼저 인도를 방문한 사람에게 들었던 일화가 있다. 유럽에서 온 사람들이 과정 중에 너무 많이 웃어서 집중하기 힘들다는 아시아 계통의 민원과 아시아인들이 너무 많이 통곡해서 집중하기 힘들다는 유럽인들의 불만이었다. 나 역시 인도에 있는 동안 가장 많이 본 장면은 경험할 때마다 사람들이 웃거나 울부짖는 모습이었다. 그런데 그 말에 이곳 강사들은 이렇게 답했다.

"저들의 웃음 속에 눈물이 있고, 이들의 울음 속에 웃음이 있습니다. 표현된 것으로 그들을 판단하지 마세요. 각자의 과정을 자신의 방식과 속도로 해나가고 있음을 알아야 합니다. 물론 이러한 것을 알고 서로 조심해 주시길 부탁드립니다."

그 뒤 과정 중에 일어나는 그 어떤 것에 대해서도 서로가 불만 없이 집중할 수 있었다고 한다. 우리의 모습을 이곳에서는 이상하다고 여길 것이 없었다. 말하지 않아도 안다. 모든 게 우리 자신을 위한 과정이라는 것을 말이다.

"자. 보통의 호흡으로 돌아옵니다. 천천히 호흡하세요. 그리고 편히 쉽니다."

우리는 강사들의 인도로 모든 진행 과정을 마쳤다.

"눈을 뜨세요. 여러분 이제부터 묵언 수행을 합니다. 되도록이면 내일 아침까지 말하지 마세요. 천천히 캠퍼스를 돌아보고 오세요. 혼자 머물러 봅니다. 그리고 45분 뒤 이곳에 다시 모입니다."

약속이라도 한 듯 너도나도 떨어져 캠퍼스 안을 거닌다. 명상홀 문을 나선 시각은 오후 4시. 인도의 하늘은 구름 한 점 없었다.

아직 수행은 끝나지 않은듯했다. 나에게 큰 슬픔이 몰려왔다. 끅끅거리며 눈물을 쏟아냈다. 그리고 나는 묵언 수행을 했다. 묵언 수행은 태어나 처음으로 해보는 일이었다. 이런 모습으로 캠퍼스를 돌아다니는 게 뭔가 청승맞아 보였다. 그런데 인도는 나의 여린 모습도 기꺼이 받아준다.

나는 첫날 왔던 숙소 근처에 있는 나무 밑 벤치에 누웠다. 때마침 지나가는 새의 무리들을 보았다. 멋지다는 탄성과 함께 나에게 속삭였다.

"나는 자유롭구나."

가슴이 뻥 뚫리기 시작했다. 생각이 만들어 낸 감옥에서 나온 기분은 아주 특별했다. 나의 내면은 자유를 원하고 있었던 것 같다. 그것은 모두가 바라는 속성이기도 하다.

우리는 다시 명상홀로 돌아왔다. 반짝이는 조명이 하얗고 은은하게 실내를 비추고 있었다. 바로 앞에는 의자가 놓여있었고 조금은 단출해 보였다. 누군가를 위한 자리인 것만 같았다. 우리는 오앤오 아카데미를 설립한 사람 중 한 명인 크리슈나지와 '무한의 장' 명상을 하게 되었다. 모두가 자리에 앉는다.

"여러분 눈을 감아주세요. 무한의 장 명상을 시작합니다. 눈을 떠야 할 때 떠주세요."

잠시 눈을 감았다. 몇 분이 흘렀다.

"눈을 떠주세요."

눈앞의 은은한 조명 아래 크리슈나지가 앉아있었다. 그의 기운은 나를 압도시켰다.

"다시 눈을 감습니다."

우리는 한참 동안 눈을 감고 그와 같은 공간에 있었다. 아무 말도 할 수 없었지만 온화하고 기품 있는 분위기가 느껴졌다. 그 기운이 고스란히 전달되어 나의 인도 여행기 일부 중 가장 아름답고 좋은 기억으로 남아있다.

한마디로 그와 연결된 명상이었다. 문득 나는 그와 같은 깊이를 품을 수 있는 사람이고 싶어졌다. 배움에는 끝이 없다는 걸 실감한다. 다시 눈을 떴을 때 그는 자리에 없었다. 환한 불만이 명상홀을 가득 채우고 있다. 오늘 수업은 여기까지였다.

"내일은 크리슈나지와 질의응답이 있습니다. 궁금한 점을 종이에 적어서 내주세요. 저녁 식사하시고 내일 뵙겠습니다."

짐을 챙기고 식당으로 저녁을 먹으러 가는 발길은 가볍기만 했다. 많은 것을 털어낸 하루였다.

만다라

드디어 우리는 마지막 날을 맞았다. 아침 일찍 나와 명상홀을 둘러보니 감회가 남다르다. 사람들이 빠져나간 자리에 남아있는 잠잠한 온기가 빈자리를 채우고 있었다. 한때나마 우리가 열정적으로 참여했다는 사실을 짐작하게 만드는 것 같다.

처음 이곳에 도착했을 때가 떠오른다. 알게 모르게 많은 판단이 들었다. 느긋하게 진행하는 사무 업무와 초반에 잘 터지지 않았던 와이파이는 나를 답답하게 만들었다. 그리고 시설 역시 마음에 썩 내키지 않았다. 그래서 3일 동안 나는 한국 가는 날을 기다렸던 것 같다.

그런데 이제는 이곳을 그리워할지도 모르겠다. 내가 머문 캠퍼스에는 수려한 볼거리나 최고급 시설이 있는 것도 아니었다. 하지만 한국에 돌아가서 생활할 때 드문드문 떠오를 것 같았다.

오전 수업은 크리슈나지와 질의응답을 통해 답변을 듣는 시간이었다. 그가 모습을 드러내자 사람들이 박수를 치며 환영한다. 곧이어 그와 대화를 할 수 있게 되었다.

"모두에게 적용될 수 있는 유익한 질문을 하길 바랍니다."

우리는 과연 어떤 질문들이 쏟아져 나올까 기대하고 있는 것 같았다. 고조된 분위기가 그것을 말해주는 듯싶다. 저 멀리에 있던 남자 한 명이 손을 들어 질문했다.

"갈망과 열정의 차이는 무엇인가요?"
"갈망은 두려움의 상태, 원하는 것을 말하는 상태입니다. 반면에 열정은 힘의 상태, 다른 걸 많이 주는 것입니다."

분명한 차이가 느껴지는 대답이었다.

"당신은 두려움이 없나요?"

한 유럽 여성의 질문이 나에게 흥미롭게 들렸다. 과연 인도에서 명상 단체를 이끌면서 다른 여러 사업체를 거느리고 있는 그는 두려움을 어떻게 받아들일까.

"저는 두려움에 빠지지 않는 것이 아니라 두려움에 빠져도 벗어나는 속도가 빠를 뿐입니다."

그의 답변에서 자신감이 느껴졌다. 보통의 사람들은 감정에 쉽게 빠지는 경향이 있다. 그래서 감정은 마약보다 중독되기 쉬운듯싶다. 우리는 어떠한 상황을 경험하고 난 뒤, 뒤늦게야 감정적으로 대처했던 자신을 본다. 어찌 보면 우문현답(愚問賢答)이었다.

그와의 대화는 1시간이 넘게 흘렀다. 각국에서 온 사람들의 열띤 토론을 듣는다. 진리에 대한 목마름이었다. 그가 떠나고 난 자리에서 우리는 비전을 세웠다.

"여러분 그동안 행복했습니까? 오늘 우리는 이곳에서 나의 비전을 세웁니다. 나는 통찰하며 아름다운 존재 상태에서 살겠다. 나의 공동체, 나의 가족을 위해서."

참여자 모두가 가슴에 손을 얹고 되풀이하여 말한다. 그렇게 우리의 수업을 마무리했다. 그러고는 한국 사람들만 대상으로 하는 마지막 그룹 세션을 진행했다. 이야기를 나누고 모두가 아쉬운 작별 인사를 고한다.

나는 홀가분한 마음을 안고 문밖으로 나왔다. 명상홀 입구 바닥에 그려진 형형색색의 예쁜 만다라가 사람들을 환영하고 있었다. 걸음을 멈추고 한참 들여다보았다. 그리고 사진으로 담아본다.

"예술의 장인…!"

나는 수작업으로 만다라를 그리는 걸 보았다. 그래서 그런지 더 대단하다는 생각이 들었다. 만다라는 비율과 대칭이 절묘한 조화를 이루고 있었다. 화려한 색감이 유독 눈에 들어오는 이유다. 나는 캠퍼스를 찾은 모든 이들의 삶이 만다라처럼 원하는 것과 조화를 이루길 소망해 보았다.

따사로운 햇살이 깨끗하게 정화된 우리들의 마음을 비춰준다.

"민아! 이제 훨훨 날아보자. 훨훨 날아."

나를 꼭 안아주며 따뜻하게 말해준 일행 한 명이 떠올랐다. 한국에 있을 때 엄마가 나를 보며 건넸던 말이기도 했다. 그녀는 어떻게 그 말을 알고 있을까. 그래서 뭉클한 감동이 올라왔다.

비상(非常). 평상시와 다르거나 일상적이지 않은 특별함이라고 한다. 우리 모두 특별한 감동을 품은 채 훨훨 날 준비를 마쳤다.

JOURNEY
2부

- Lakshmi(락쉬미)를 만나다
- 별리(別離), 그리고 변화

Lakshmi(락쉬미)를 만나다

제2의 고향

"고향에 오신 여러분, 진심으로 환영합니다."

여기저기 박수와 환호가 터져 나왔다. 1년여 만에 이루어진 두 번째 인도 방문이었다. 나는 다음 단계의 수업을 듣기 위해 이곳, 명상학교를 또다시 찾았다.

100여 명 정도 되는 인원의 사람들이 내는 에너지는 힘과 울림이 있었다. 말쑥한 차림새를 하고 밝게 인사를 건네는 남자 강사의 첫인사가 명상홀 내에 울려 퍼졌다. 정말 그의 말대로 나는 고향에 온 것 같은 착각에 잠시 빠져들었다.

들어오는 입구에서 나는 분홍색 장미꽃을 건네받았다. 꽃을 받으니 그들에게 뜻 모를 벅찬 감정이 올라왔다. 좋아하는 꽃 선물을 받아서인지 기분이 좋아졌다. 나는 앉는 의자 옆 끈에 꽃을 살짝 꽂아두고 틈틈이 바라보았다.

수업은 경험을 나누는 것에서부터 시작되었다. 전 세계 27개국에서 온 사람들이 앞에 나와 마이크를 들고 각자의 경험담을 이야기했다. 나는 다른 사람들의 이야기를 들으며 명상홀 안을 둘러보았다. 사람들 중에는 지난 여정에서 만난 사람도 더러 있었다. 그들을 다시 보니 반가운 마음이 든다.

우리는 점심을 먹기 위해 식당으로 향했다. 밥을 먹는다는 건 현지 문화를 경험한다는 뜻이기도 하다. 멀건 죽 같은 액체와 간간이 나오던 파스타, 콩, 야채, 계란, 요구르트(라씨), 과일 위주의 음식을 보았다. 조미료와 화학 재료가 들어가지 않은 담백하고 순한 음식들이 자극적인 외부 음식에 익숙해져 있던 내 입맛에 심심한 맛을 선사했다. 그렇지만 편안하고 소화가 잘된다는 특징이 있었다. 자극과 충동 안에서 살다 이곳에 오니 모든 게 제로로 돌아가는 기분이 들었다.

모든 일에는 시작과 끝이 있다. 그 의미를 그리스어 알파벳의 첫 자와 끝 자인 알파와 오메가로 설명하고 싶다. 모든 것을 다 포괄하는 광대함이자 있는 그대로를 받아들이는 곳, 캠퍼스의 첫 식사가 또 다른 배움의 출발선상을 알려주었다.

'인도'라는 나라를 생각할 때 떠오르는 사람은 누구인가. 많은 인물 중 우리에게 가장 익숙한 사람은 부처일 것이다. 부처는 출가해서 6년 동안 수행을 했다. 그리고 보리수나무 아래에서 깨달음을 얻었다. 그는 왕자로서 누리던 특권을 포기하고 고행을 선택했다. 그런 그가 깨달은 것은 '있는 그대로 보고 아는 것'이기도 했다.

지혜로운 누군가는 자연물과 우리 자신이 다를 바 없다는 걸 알 것이다. 모든 것은 하나(One)에서 분리됐음을 깨닫는다면 말이다.

우리는 유명 인사들의 강의를 듣는다. 많은 것을 배우고 느끼지만 상황에 따라서는 나의 안목이 정확할 때도 있을 것이다. 이처럼 스승과 제자의 위치는 상황에 따라 뒤바뀔 수 있다. 영원한 스승도 영원한 제자도 존재하지 않는 것 같다. 겉과 속을 함께 뚫어서 본다면 상대와 나는 아무런 차이가 없기 때문이다. 그래서 불교에서는 "당신은 중생이 아니야. 부처야"라고 말한다.

부처는 그의 가르침이 적힌 팔리어 경전에서 말했다. 그가 깨달은 가르침은 깊고 평온하며 지혜로운 사람이나 알 수 있다고 말이다.

나는 강의를 듣다 문득 붓다의 가르침이 떠올랐다. 깊은 지혜를 구하러 이 머나먼 인도까지 오지 않았나 말이다. 잘 살고 싶다는 욕심에 찾았던 이 낯설지 않은 땅은 그 이상의 것을 주려고 하고 있었다.

깊은 생각은 잠시 묻어두기로 했다. 이곳의 흐름에 나를 맡겨야 할 시간이 왔기 때문이었다. 무엇을 생각하든 골똘하게 있어도 아무도 이상하게 보지 않아 좋았다. 어떠한 생각과 상념에 빠져도 고향은 가장 편안하고 마음을 놓을 수 있는 곳이었다.

숙고와 구도자

"삶은 도전입니다. 모든 것은 창조적일 때 힘이 생기죠. 모든 도전을 기회로 바꿀 수 있습니다. 그렇기 때문에 내면의 상태가 너무도 중요합니다."

그의 대답에서 뭔가 모를 희망이 엿보였다. 통속적인 위로라고 하기에는 그의 말은 진중하고 의미가 있는 발언이었다. 이 대답이 나온 건 함께 앉아있던 누군가가 내면의 아름다운 상태를 유지하는 방법을 물었을 때였다.

한 번의 가르침을 담은 수업이 끝나면 지난번 첫 번째 여정 때처럼 그룹 세션을 진행했다. 5개국이 넘는 국가에서 온 사람들이 앉아 서로의 이야기를 나누는 시간이었다.

아이러니하게도 이곳만 오면 한마디 하지 않고 듣고만 있다. '내 의지로 이렇게 해야지'가 아니었던 것 같다. 모든 게 스스로 일어나고 있을 뿐이었다.

이곳에 오니 저절로 다른 이들의 질문과 대답을 통해 나를 탐구하게 되었다. 옆 사람의 이야기가 나의 이야기인 것처럼 들렸다. 그래서 때론 지나치지 않고 숙고하게 되었다. 질문과 대답을 통해 개념을 규정하고 음미하며 답을 찾아간 소크라테스식 산파술이 떠오른다. '너 자신을 알라'고 말한 소크라테스는 이미 알고 있었는지 모른다. 가장 훌륭한 교과서는 '나'라는 교과서라는 걸 말이다.

그가 미소를 띠며 말했다. 큰 눈에 까무잡잡한 피부, 살짝 돌출된 입을 가진 전형적인 인도 사람인 그가 돋보이는 이유는 무엇일까? 지금 다시 보니 강렬한 눈빛에는 열정과 생기가 있었다. 그는 언제나 사람들이 문제에 빠질 때마다 도움을 주기 위해 노력하고 또 아주 친절했다.

"모든 일에 열심히 하는 사람은 진정으로 성장하게 될 것입니다."

그의 말에 큰 울림이 생긴다. 진정한 노력은 배신하지 않는다고 했다. 그리고 곰곰이 나 자신을 연결해 떠올려 보았다. 지금 당장 성과가 없다고 해도 나는 알고 있지 않을까. 실패했던 그 일련의 경험들이 해당 당사자가 직면하고 이겨내야 할 과정이었는지도 모른다.

요즘 서점가를 돌아보니 '있는 그대로의 나를 사랑하자'가 트렌드인 것 같다. 베스트셀러들은 '지금도 충분히 잘하고 있다'라고 다독이는 글들이었다.

하지만 글을 읽는 독자들은 알 것이다. 때에 따라 최선의 노력을 해야 할 때도 있다는 걸 말이다. 그리고 노력하는 그 일이 즐거워서 신나게 할 수 있다면 더욱 좋을 것 같다. 그게 바로 '애씀 없는 노력'인 듯싶다.

100페이지가 넘는 교과서를 쓰고 있는 중이라고 해보자. 나의 마음은 '지금'에 머물러 어떤 내용을 쓸까? 숙고를 통해 나를 알고 성장한다. 그런데 우리는 매일 마음속에 수많은 드라마를 만들어 내고 울고 웃는다. 일어나지도 않은 미래에 서서 '그럴지도 모를 것이다'라는 가능성을 투사하는 방법으로 말이다. 그렇다면 그 드라마 중 일부가 오늘 나의 교과서의 한 부분을 장식할 것이다.

그룹 세션은 1시간 정도 이야기를 나누며 끝이 났다. 질문과 대답을 통해 가장 원하는 해답을 찾아가는 이 시간이 가슴에 와닿는 건 나도 어떤 교과서를 쓸지 고민하는 구도자이기 때문인 것 같다.

부는 무엇인가

"이곳은 자는 곳이 아닙니다."

단호한 목소리가 들려왔다. 노트에 받아 적느라 바빠 푹 숙이고 있던 고개를 들어보았다. 흰머리가 해끗하게 올라와서 연륜이 느껴진다. 강단 있어 보이는 표정의 중년 남자가 이제 막 자리에 앉으려 하고 있었다.

이 중년 남자의 수업은 카리스마가 있었다. 할 말은 다 하는 편이었는데 이상하게 기분 나쁘지는 않았다. 가끔 명상홀은 잠이 잘 와서 수업 중반에 꾸벅꾸벅 조는 사람들이 있기도 하다. 비싼 수업료 내고 먼 나라에 와서 자고 있으니 그가 얼마나 답답해서 그랬을까 싶다. 어떻게 보면 애정이 있기에 가능한 말이었다.

그는 의식에 대한 이야기를 시작으로 부로 표현되는 락쉬미(Lakshmi)에 대해 설명했다. 이곳에서 부는 힘, 용기, 건강, 관계, 성공, 지성이라고 표현한 것에 굉장히 인상 깊었다. 부라고 하면 일반적으로 돈이라고 생각한다. 그러나 기존 개념보다 훨씬 포괄적이었다. 형태가 다양하다는 게 맞는 표현일 것 같다.

우리가 참여하게 된 이번 여정의 대표적인 키워드는 부였다. 락쉬미에 대한 이야기를 듣고 나니 부에 대해 생각해 보지 않을 수 없었다. 사람이라면 누구나 큰 부를 소유하는 걸 꿈꾼다. 그 욕망은 비단 어제오늘 일이 아니었을 것이다.

16세기 초 스페인 군대가 잉카 제국을 점령한 이후 황금을 가진 고대 유적을 찾는 붐이 일었다. 특히 그들은 안데스산맥 근처 밀림에 있다는 파이치치와 아마존 강변에 있다고 한 엘도라도를 찾고자 했다. 엘도라도는 전설의 황금도시, 파이치치는 막대한 황금이 숨겨져 있는 곳이라고 한다. 상상 속에 있는 황금의 나라라고 꼬집는 사람도 있지만 두 장소는 사람들의 욕망을 잘 표현하는 것 같다.

모험을 동반하고 확신을 가지며 보이지 않는 미지의 것을 찾아 부자가 되기 위해서는 따지고 보면 위에서 말한 모든 것들이 갖춰져야 한다. 힘, 용기, 건강, 관계, 성공, 지성은 그 옛날 잉카문명을 침략한 사람들에게도 적용되는 항목이다.

그런데 기계가 들어서자 그 자리를 합리성과 방대한 지식의 습득을 통해 얻은 지성이 차지하게 되었다. 하지만 우리는 '인간적인 가치'인 감성을 놓치고 싶어 하지 않는다. 추상적인 감성은 인간적이고 예측 못 하는 감동이 있기 때문이다.

낮은 음성이지만 신뢰감이 느껴지고 귀에 쏙쏙 들어오는 그의 수업이 지루하게 느껴지지 않고 나의 귀와 마음을 단번에 사로잡았다. 이번 수업이 말하고 싶었던 건 '황금의 문'으로 들어가는 열쇠 중 하나는 부와의 조화를 이루는 것이라고 알려주고 싶었던 것 같다. 부와 조화로운 삶을 영위하는 것은 살면서 매우 중요한 일이기 때문이다.

인류의 역사는 전쟁과 분열의 반복이었다. 역사의 소용돌이 속에서 각각의 세대들은 부를 향한 치열한 접전을 벌였다. 우리의 역사는 부의 여정이기도 했다.

나는 부에 대한 생각을 정립하다가 '신은 개인적이다'라는 수업의 마지막 말이 가슴에 와닿았다. 누구나 각자의 세계관에서 이루어지는 단계가 있는 것 같기 때문이다. 개인의 충족에서 주변에 대한 관심과 이해로 마지막에는 평화를 원하는 세계관으로 넓혀져 가기 때문일 것이다. 특히 우주에 대한 깨달음으로 가는 것은 궁극적인 삼라만상의 이치이다. 문득 생각해 본다. 부를 추구한다는 건 신의 속성의 일부가 자연스럽게 발현된 것이라고 말이다.

조상과의 조화

어릴 적부터 명절을 그다지 반기지 않았다. 당시 우리 집으로 모든 친척들이 모였기 때문에 늘 분주했고 음식을 도맡고 있었다. 그래서 엄마가 제대로 쉬지도 못하고 일하는 걸 봐서 그런지 제사는 너무 골치 아픈 제례 의식이라고 생각하며 자라왔다.

설날 때였다. 엄마와 떡국에 넣어 먹을 만두소를 만들다 불같이 화를 냈다.

"이런 거 안 했으면 좋겠다. 엄마, 제사는 왜 있어서… 힘들지 않아?"
"엄마도 같은 생각인데, 그래도 할머니, 할아버지, 외할머니, 외할아버지가 있어서 네가 있는 거야."

엄마의 말에 나는 잠시 꿀 먹은 벙어리가 됐지만 반기를 들 수 없는 말이었다. 조상이 있어서 나도 존재하는 건 어느 정도 맞는 말이라고 생각했기 때문이었다. 요즘은 '조상 덕을 보는 사람들은 명절에 해외여행을 가 있다'라는 우스갯소리가 있다.

있으나 없으나 걱정되는 존재가 있다면 바로 조상이 아닐까 싶다. 아예 모른척하기엔 명절이 있어 마음이 쓰이고 제사상 차릴 때는 또 다른 느낌으로 예를 갖춘다. 그런데 이곳에 오니 죽은 사람보다 산 사람이 먼저라는 말도 이기적인 것 같아 용서를 구하는 시간을 가졌다.

조상과의 조화를 가지면 삶에서 장애를 벗어나는 데 큰 도움을 받는다고 한다. 재산과 관련한 부의 성취와 실제적 삶의 풍요를 만들어 낸다고 하니 귀가 솔깃하지 않을 수 없었다. 많은 말 중에서 '조상이 행복하면 나도 행복해진다'는 말은 나를 돌아보게 만들었다. 지금의 나와 조상의 연결성을 간과할 수 없는 대목이었다. 또 이미 이 세상 사람이 아니더라도 마음은 전달된다니 나의 윗대 조상분들을 존중하고 싶어진 건 당연지사였다.

조상과의 조화를 경험해 보라는 과정이 이어졌다. 이곳 아카데미 프로그램의 장점은 배우고 경험할 수 있다는 것이다. 명상을 통해서 과정에 들어간다.

조상을 떠올리고 용서를 구하고 그들과 같이 기뻐하고 웃기도 하고 울면서 화해를 하기도 한다. 실로 복이 오는 과정의 그 첫 단추가 참회부터 하는 것인지도 모른다. 조상이 한 차원 높은 세계로 가면 축복이 온다고 하니 모두가 열심히 이 과정에 참여하고 있었다.

나는 자연스레 할머니를 떠올렸다. 할머니가 살아계셨을 적, 같이 있었을 때 겪었던 많은 일이 주마등처럼 스쳐 지나갔다. 나중에 할머니를 떠올릴 때마다 웃음이 나는 걸 보니 나는 이 과정이 잘 진행된 것 같다. 돌아가신 조상 한 분 한 분 떠올릴 때마다 신명이 났다.

눈을 감고 쉬는 과정에 들어섰을 때 조용하던 명상홀 내에서 흐느끼는 소리가 들린다. 마음이 깊게 아파오는 기분이 들었다. 나도 모르게 명상홀 내 100여 명의 조상과 이들의 조화를 간절히 바랐다.

다음 날 아침 강사는 그룹 세션에서 말했다. 내가 평화로워지고 느낌이 좋을 때 조상이 행복하고 편안한 것을 알게 된다고 말이다. 그 이야기를 들으며 나의 조상님들에게 내 작은 역할을 다했다는 생각이 들었다. 그것 때문일까. 멋쩍은 웃음과 안도감이 흘러나왔다.

장애, 사전적 의미로는 '어떤 사물의 진행을 가로막아 거치적거리게 하거나 충분한 기능을 하지 못하게 함'이라고 나온다. 이곳의 과정을 통해 내 삶에 나타나는 장애는 결국 돌아가신 선대 중 누군가의 고통을 똑같이 느꼈을 수 있겠다는 생각을 해보았다.

이곳에 와서 나는 그들과 서로 연결되어 있음을 알았다. 그래서 조상이 아프면 나도 아플 수 있다는 말이 와닿았다. 나보다 먼저 살다 간 누군가의 삶을 공감하고 위로해 주고 행복을 빌어주는 건 산 사람의 도리 중 하나라는 마음이 든다. 얼굴 모르는 까마득한 윗대 조상 모두의 해원(解冤)을 염원해 본다.

신성한 힘 ADI Lakshmi(아디 락쉬미)

인도 날씨의 좋은 점은 오후 2시 가까운 시간이 되면 햇볕이 뜨거워져도 바람이 산들산들 분다는 것이다. 특히 바람이 나의 하얀색 옷을 스치고 지나갈 때마다 적당한 청량감이 느껴졌다. 한국에서는 35℃가 넘는 불볕더위 행진인데 반대로 인도의 8월 날씨는 습도가 낮아 지낼만했다.

이곳 캠퍼스에 있으니 날씨가 좋으면 기분이 좋아진다는 말을 더욱더 실감하게 되었다. 우리가 기분이 좋아지면 하게 되는 행동 중 하나가 있다. 그중 하나가 하늘을 올려다보고 주변 환경을 둘러보게 되는 것이다.

명상홀을 나와 바깥을 보니 눈에 띄게 만발한 노란색 꽃들이 보였다. 꽃잎이 화사해 보이고 적당한 크기로 만발했다. 진한 채색이 돋보이는 노란색이 마치 우리나라의 개나리꽃 같았다.

지난번에 왔을 때는 보이지 않았는데 이제는 여유로워졌나 보다. 나라는 사람을 벗어나 주변을 생각할 수 있게 만드는 캠퍼스의 날씨에 새삼 잔잔한 기쁨이 올라온다.

울타리에 피어난 노란색 꽃을 연상시키는 화사한 미소를 가진 여자 선생님이 오후 수업을 시작했다. 이곳 강사들은 남자든 여자든 할 것 없이 누구든 단정하고 수수하다. 그들의 가장 큰 공통점은 항상 왠지 모를 힘이 느껴진다는 점이었다.

나는 그 힘의 원천이 상대가 가지고 있는 기운이라고 생각한다. 한 곳으로 치우지지 않은 균형이라고 표현하면 적당할 것 같다. 중립이지만 신념이 있고 확고한 마음이 느껴졌다. 그리고 확고한 마음이 올바로 서기 위해서는 힘(Power)이 필요할 것이다. 오늘 마주한 것은 바로 그 아디 락쉬미를 깨우는 과정이었다.

락쉬미는 힌두교의 대표적인 부와 번영, 재물의 여신이다. 예쁜 여자의 얼굴을 가지고 미소 짓고 있는 게 특징이기도 하다. 그렇지만 이 웃음의 이면 뒤에는 엄청난 힘이 숨겨져 있다. 현상의 이면을 보는 날카로운 관찰력과 통찰력이 있기 때문이다.

전해오는 말로는 깨끗한 것을 좋아하고 공손하게 말하며 자신을 절제할 줄 아는 사람, 예절을 지키고 감사할 줄 아는 사람을 어여삐 여겨 부를 나누어 준다고 한다. 이런 부분만 살펴봐도 그녀는 보통의 존재가 아니라는 것을 짐작할 수 있다.

여기서 새롭게 알게 된 락쉬미는 신성의 면에 깨어나는 것이다. 아디 락쉬미는 태초의 여신이며 우리 의식의 신성한 힘이다. 이 힘은 제한 없는 의식 속에서 주변과 더 나은 연결이 있게 한다. 내면에서 발휘하는 힘이란 올바르게 작동하면 어떠한 상황에도 쉽게 쓰러지지 않고 단단하며 견고하기 마련이다. 오늘 그 힘을 마주하는 날이었다.

환하던 명상홀 내부에 어둠이 깔렸다. 적막한 고요함이 느껴지는 가운데 여자 선생님의 고운 소리가 시작을 알리고 있었다.

"의식적으로 호흡합니다."

호흡은 나를 있는 그대로 침착하게 만들고 현재에 머물게 한다. 기분이 잔잔하고 요동치지 않아 아주 편안했다. 음악이 흘러나오자 다음 단계로 진행되었다.

"해당되는 차크라를 시각화하고, 집중합니다."
"Lang~ Lang~."

'랑'이라는 발음 소리가 메아리 퍼져 명상홀 내에 진동한다.

"특정 차크라를 떠올리고 깊이 숨을 들이마십니다. 그리고 그 부위가 황금빛으로 변하는 걸 보면서 숨을 내뱉으세요."

이 행위를 5분이 넘는 시간 동안 반복한 것 같다. 물론 그 이상의 시간일 수도 있었다. 찰나 같았지만 정말 길게 느껴지기도 했다. 어느새 이 과정에 빠져들어 무아지경 상태가 되었다.

"상위 자아에게 감사함을 표현합니다."

그리고 우리 모두 눈을 감고 요가의 마지막 자세이기도 한 사바아사나 자세로 누웠다. 눈을 감고 있어 아무것도 볼 수 없었지만 무언가가 재빠르게 지금의 과정을 생생하게 느끼고 담아두고 있을 거란 생각이 들었다. 의식은 모든 순간을 저장하고 기억하기 때문이다.

또 한 번의 과정이 끝났다. 핸드폰 시계를 살짝 보니 1시간이 훌쩍 지나가 있었다. 락쉬미를 깨우는 첫 번째 시작은 이렇게 시작됐다. 끝나자마자 주변을 둘러보았다. 얼굴이 밝아져 웃는 모습을 보니까 각자의 상태에서 치유받고 있는 것 같았다. 지지 않았을 것만 같은 강렬한 오후의 인도도 어둠으로 어슴푸레 기울어 가기 시작했다.

밤이 된다는 건 동식물 모두 휴식을 취할 수 있는 시간이기도 하다. 사람도 예외는 아닐 것이다. 그야말로 세상이 쉬는 시간이다. 바쁜 일과를 보냈던 낮 시간을 내려놓고 자기만의 공간으로 들어가는 밤이야말로 에너지와 힘을 비축하고 내일을 위한 힘을 재생산하는 시간이기 때문이다.

문득 아디 락쉬미도 밤이라는 시간과 공간이 주는 힘을 알 것이라고 느껴졌다. 내면의 힘을 느낄 수 있는 밤이 반갑고 매혹적으로 다가왔다. 이 힘이 발휘되는 때는 언제일까? 내심 기대가 되었다.

코스에 참여할수록 점점 더 나 자신과 일심동체가 된다. 마음속에서 잔잔한 감동이 물결치듯 일어났다 사그라들었다. 숙소로 돌아가 침대에 누워 잠을 청하니 한국에 있는 소중한 사람들이 한 명씩 떠올랐다. 그들의 웃는 얼굴을 그리며 이내 나는 잠에 빠져들었다.

믿음(Faith)

　기적이 일어나기 전에는 믿음이라는 단어가 친구처럼 따라다닌다. 막연히 나를 도와주는 손길이 있음을 느껴본 사람이 있을 것 같다. 어려운 일이 닥쳤을 때 특히 그 진가가 발휘된다. 우리가 삶의 무대에서 힘든 일을 경험하면 간절히 기도하게 된다. 그러고 나서 포기하거나 내려놓을 때 일이 풀리는 걸 느꼈을 것이다. 가끔씩 믿음은 그렇게 우리를 시험대에 올려놓는 것 같다.

　다른 표현으로 상위자아를 믿는다는 건 무엇일까. 완전히 내맡기고 믿을 때 우리는 신성을 만나게 된다. '내가 할 수 있는 게 아무것도 없구나' 하며 내려놓으니 진짜 나를 만났다. "신성은 알고 있지, 나를 도와줄 거야" 하는 믿음.

　신성은 세상에서 그 누구보다 분별없이 당신을 가장 많이 사랑한다. 일을 이루어 주는 방법은 천차만별이지만 나에게 가장 이로운 방향으로 온다. 지혜롭지만 그 깊이는 측정할 수 없는 것 같다. 관찰과 깨달음을 통해 나에게 겸손이라는 선물을 주니 물질 그 이상의 가치가 내 삶에 흘러들어 오는 걸 보게 된다. 절대적인 그 존재는 우리가 많은 것을 보고 배우고 깨닫고 성장하면서 다른 사람들과 행복하길 바라고 있다.

우리나라의 경제 규모는 10위권 안에 들지만 행복지수는 57위라고 한다. 경제적으로 비약적인 성장과 발전을 이루었지만 마음의 성장 속도는 더디다. 세상살이가 각박해졌다고 표현하는데 마음이 건조해진 거라고 해석하고 싶다. 물질이 충족되니 사람들이 여기저기서 메마른 가슴을 촉촉이 적셔줄 단비를 찾는다. 그래서 소소하고 작지만 확실한 행복에서 기쁨을 느끼는 '소확행'이라는 단어도 생겨났다. 이런 유행어만 봐도 우리 사회는 의식적으로 행복이라는 가치에 점점 무게를 두기 시작했다.

벌써 세 번째 날의 수업이 도래했다. 오늘 수업은 아침부터 신성에 대한 설명이 이어졌다. 수업을 들으며 나는 짐작할 수 있었다. 우리는 모든 곳에서 신성을 만난다는 사실이다. 일하는 곳에서 때로는 길거리에서도 말이다. 옆 사람의 흘러가는 말에서 답을 얻기도 하고 지나가는 길거리 광고에서도 답을 구할 수 있다. 마음만 열려있다면 나에게 기회가 틈새를 비집고 들어오려고 한다.

영감(Inspiration)은 마음 한편의 믿음에 늘 해답을 전해준다. 그래서 말할 수 있는 것 같다. 믿음은 신성과 나를 만나는 초석이라고 말이다. 우리는 매일 그 초석을 다지고 갈며 작은 불씨를 키우려고 한다. 그 작은 불씨가 어둠을 밝히듯 내 마음을 밝힌다. 모든 것을 사랑해 주는 내 가슴의 뜨거움에 절로 고개가 숙여진다.

의식적인 창조

'나는 충분하지 않다'는 열등한 마음 상태는 타인에게 증명하고자 성취와 성공에 매달리게 만든다. 그리고 불행하게도 자신도 주변 사람에게도 행복을 주지 못한다. 어떠한 상태에서 관계를 맺고, 어떠한 상태에서 부를 성취해야 하는가는 정말 중요한 질문이다.

이 수업은 나뿐만이 아니라 모두에게 적용되는 말이 아닌가 싶었다. 열심히 노력했는데 끝의 결과가 좋지 않을 때는 정말 속상할 것이다. 그런데 아무도 그 이유를 설명해 주진 못한다.

평범한 보통의 삶을 사는 사람들은 무감각하다. 다른 사람들의 고통을 안고 갈 만큼 자신도 여유롭지 않다고 말하는 걸 듣는다. 우리가 경험하는 모든 일 뒤에 고통이 따라올 때가 있다. 그래서 타인에게 무감각한 삶, 연결성 없는 분리된 삶이다.

나는 책상 서랍에 꽂혀있는 위인전을 보며 자랐다. 그래서인지 훌륭한 어른이 되겠다고 장래 희망란 칸을 크게 채우며 적었던 것 같다. 위인들은 한결같이 자신의 이익을 넘어서서 공동체의 행복과 번영을 위해서 살았다. 그 안에는 희생과 숭고한 봉사의 정신도 있었다. 그 위인들 모두 아름다운 상태에서 살았다고 단언할 순 없을 것 같다.

그들은 각자 삶에서 모두 위기가 있었고 도전이 있었다. 하지만 후대에 위인전이라는 책에 나올 정도로 세상에 영향을 끼친 것만은 분명한 사실이었다. 위대한 삶, 훌륭한 삶을 살았다고 말하는 이들은 타인에 대한 연결성을 가지고 있었다.

지긋하고 깊이 있어 보이는 선한 눈매를 가진 남자 선생님이 우리를 바라보며 물었다.

"왜 이 관계를 만들고 싶은가요?"
"왜 부를 추구하고 싶은가요?"

이유가 무엇이든 각자만의 이유가 다양하게 나올 것 같은 질문이었다. 하지만 '왜'라는 단서가 붙은 질문 형식은 쉽게 지나치지 말라는 신호를 주는 것 같았다. 곰곰이 나만의 답을 떠올려 보게 되었다.

"여러분은 아름다운 상태에서 사는 것이 얼마나 중요한지 알고 있을 겁니다. 그래야 여러분이 원하는 부와 관계도 전략이 아닌 자기중심적이지 않은 결과가 나옵니다. 다른 사람에게 고통을 불러일으키지 않죠."

그가 앞에서 이야기하면 다른 사람들의 노트와 펜이 일사불란하게 움직였다. 카리스마가 있던 그는 우리가 열심히 필기하면 내려놓고 듣기를 종종 권유했다.

"쓰는 건 별로 중요한 게 아닙니다. 들으세요."

연이어 그는 위대한 삶과 훌륭한 삶은 아름다운 상태에서 나온다고 힘을 실어 말했다. 아름다운 상태는 마음이 잔잔하고 기쁘고 행복하고 고요한 상태이다. 그리고 자신뿐만 아니라 주변 사람들의 웰빙을 생각하게 한다. 나 역시 이 상태를 계속 유지한다는 건 멋진 일이라는 생각이 들었다.

의식적인 창조자, 이번 여정의 슬로건이었다. 우리는 의식적으로든 무의식적으로든 항상 자신이 생각한 대로 살아간다. 그렇다면 어떤 마음 상태에서 원하는 것을 끌어당길까 생각해 보았다. 수업이 끝나고 나서 노트를 펼쳤다. 질문에 대한 답을 생각나는 대로 적어 내려갔다. 떠오르는 사람들과 지난 사건이 있었기 때문이다. 숨겨둔 진실이 내 마음 바다의 표면에 올라와 둥둥 떠다니는 기분이었다. 피하고 싶지 않았다. 아니, 피할 수 없었다.

우리는 늘 자각한다. Self-Knowledge, 자각 혹은 자신이 의식하는 상태란 뜻이다. 나 자신이 발견하고 알아차린다. 나에게 새로운 서문이 열렸다는 걸 알려주는 신호였다. 숲을 완성하기 위해 나무를 하나둘 보기 시작했음을 곧 눈치채게 되었다.

용기의 Dhairya Lakshmi(다이리야 락쉬미)

용기를 낸다는 건 가슴으로 사는 것이다. 그리고 자신을 넘어서는 창조를 하는 것이기도 하다. 다이리야 락쉬미는 용기를 의인화했다.

우리 삶에서 용기는 꼭 필요한 덕목이다. 특히 두려움에 직면했을 때 만날 수 있다. 놓아버리게 만드는 것도 용기이고, 쟁취하게 하는 것도 용기이기 때문이다. 그래서 사람이라면 누구나 가슴 한편에 부적처럼 품고 있을지 모른다. 언제든 꺼내 들기 위해서다.

개구쟁이 미소로 연신 우리를 보고 있는 사람이 있었다. 바로 수업을 하는 강단 자리에 앉아있는 남자 강사다. 내가 본 그의 첫인상은 눈매가 날카롭고 매서웠다. 그런데 1년 뒤에 와서 보니 그에게서 온화하고 부드러움을 느꼈다.

지금 생각해 보면 내가 가지고 있는 면을 그를 통해 본 것 같다. 상대는 나의 거울이기 때문이다. 나도 무표정일 때 눈매가 매섭다는 이야기를 종종 들은 적이 있었다. 왜 나는 상대를 볼 때 무의식적으로 단점을 찾아서 보았을까 싶다. 나의 관점이 결핍에 초점을 두고 있었기 때문일 것이다. 매일 나를 찾아오는 새로운 인식들, 상대를 통해 자신을 탐구하게 되는 이곳의 매력에 빠져들어 갈 수밖에 없다.
그가 우리를 두 번째 락쉬미 과정으로 안내했다.

"모두 다 눈을 감습니다. 이제 과정에 들어갑니다."

명상홀에 또다시 적막감이 감돌았다. 불 꺼진 명상홀 내 잔잔한 기운이 퍼졌다. 모두가 한마음 한뜻으로 과정에 참여하고 있기 때문일 것이다. 사람들에게서 흘러나오는 잔향이 내게 배어든다.

"눈을 뜨고 해당 차크라를 봅니다."

눈을 뜨니 강단 앞 화면에 스와디시타나(SWADHISTANA) 차크라 사진이 보였다. 둥근 꽃처럼 생긴 그림에 주황색 꽃잎이 그려져 있고 안에는 흰색과 푸른색이 대비되며 조화를 이루고 있었다.

"눈을 감으세요."

스와디시타나 차크라는 우리 몸의 생식기와 배꼽 사이에 위치하고 있다. 우리는 그 부위를 떠올리며 "Vang~"이라는 만트라를 외쳤다. 만트라는 일종의 주문과도 같다. 그래서 특정 부분에 해당하는 만트라를 외치면 그 부위가 활성화되기도 한다고 전해진다.
곧이어 나지막하게 음성이 들려왔다.

"다음과 같은 챈팅을 자신에게 말하세요. 당신의 용기로 저의 모든 장애물을 녹일 수 있도록 축복해 주셨습니다. 감사합니다."

명상홀 내에서 수많은 사람이 따라 말하기 시작했다. 몇 번을 반복하고 나서 우리는 감사함을 표현하는 것으로 끝을 맺었다. 과정을 진행하고 끝날 때마다 사바아사나 자세로 누워 휴식을 취한다.

그럴 때마다 내 안에 떠오르는 지나간 감정과 생각들을 바라보게 되었다. 분노가 일기도 하고 슬픔이 일기도 하고 때로는 즐거움이 있었다.

무념무상 떠다니는 구름처럼 종착점이 없는 어딘가로 흘러가는 기분이다. 그렇지만 이상하게도 불끈 힘이 솟는다. 우리가 그냥 한다고 생각했던 모든 이면에는 용기가 숨어있다는 걸 깨닫는다.

요가 자세 중에 카포타 아사나가 있다. 무릎을 구부리고 서서 몸을 활처럼 뒤로 꺾고 천천히 손바닥을 땅에 닿는다. 그리고 손을 구부린 다리의 발 쪽으로 가져온다. 땅에 팔꿈치를 닿고 구부린 두 팔의 손이 양쪽 발바닥을 잡는다.

요가에서는 이러한 동작을 보고 '깊은 후굴' 자세라고 표현한다. 몸과 함께 동작이 주는 불편함을 감내하고 호흡을 하며 머무는 하타 요가의 꽃이기도 하다. 그만큼 어깨와 가슴 허리가 연결돼 모두 다 열려있어야 가능한 동작이다.

하타 요가원을 1년 이상 다니면서 용기를 마주하게 되었다. 그중 하나가 나는 유연하지 않은 사람인 줄만 알고 살아왔던 것이다.

'나는 유연하지 않아'라는 생각은 나를 평생 지배해 왔고 사실처럼 믿어온 진실이었다. 그래서 요가를 시작한 지 얼마 안 된 때에는 어렵고 힘든 동작은 넘을 수 없는 산처럼 느껴졌다.

그렇기 때문일까 내 안에 숨겨져 있던 두려움과 직면한다는 건 정말 큰 도전이었다. 그러다 시도해 보자는 마음이 뻣뻣함의 대명사였던 나를 바로 세워 카포타 아사나라는 자세를 성공시켰다. 그리고 성공을 하기까지 무수히 많은 실패도 있었다.

낙엽이 지는 가을날, 요가원에서 집으로 돌아가는 길에 깨닫게 되었다. 남들이 알아주고 거창하고 대단한 걸 이루려는 것만 용기라고 말하고 싶지 않다고 말이다.

내가 만든 제한된 생각의 구조를 벗어나는 것과 두려움을 마주하는 것 자체가 큰 용기라고 말이다. 그리고 '실패할 수 있다'라는 사실을 받아들일 수 있는 것도 용기였다.

나는 한국에서도 수행자였다. 어쩌면 국적을 불문하고 우리 모두가 수행자일지도 모른다는 생각이 떠올랐다. 인도에서 만난 두 번째 다이리야 락쉬미를 떠올리며 용기를 품어보았다.

용기는 여러 종류가 있는듯싶다. 상황에 따라 선택할 수 있는 용기도 달라질 것 같다. 나 같은 경우 꼭 해야지, 이뤄야지, 가 아니라 시도하고자 하는 선택이 용기가 되었다. 대신에 어떤 일이든 긍정적인 방향이면 더 좋을 것 같다는 생각이 들었다. 용기는 대단한 듯 대단하지 않았다.

내면의 진실과 드라마

　드라마, 우리는 스스로 만든 내면의 드라마에 울고 웃는다. 에피소드라기에는 가볍지 않다. 그 안에는 보이지 않는 힘이 작용한다. 그 힘은 나의 선택에 결정적인 역할을 하기도 한다.

　그래서 내면의 진실을 탐구할 때 상처와 분리 속에 있다는 걸 보는 건 정말 중요하다. 그곳에서 우리가 드라마라는 이야기를 만들어 내기 때문이다.

　상처와 분리 속에서 고통을 만드는 걸 보았다면 그러한 고통 속에 있지 않겠다고 스스로 멈추는 걸 인식해야 한다. 그 인식은 마음속 드라마를 바꿀 수 있는 변화의 시작이기도 하다.

　"삶은 드라마의 장소가 아닙니다. 자신에게 하는 감정적 몰두나 집착, 또 그런 갈등에 사로잡히는 것은 고통의 상태에 있는 겁니다. 드라마는 어떠한 결정을 할 수 없는 상태에 있는 걸 말합니다."

밝고 가벼운 농담으로 수업 전 분위기를 풀었던 남자 강사가 높은 어조에 힘을 주어 이야기를 전한다. 오늘은 나흘째 되는 날이다. 벌써 9일 여정에서 반 가까이 왔다니 시간이 가는 게 점점 아쉬워졌다.

매일 큰 소리로 울어대는 새소리와 인도의 향기를 잔뜩 머금은 꽃들을 보는 시간은 기대 이상으로 많은 것을 느끼게 해주고 있었다. 지나갈 때마다 마주치는 행운을 불러오는 하얀 도마뱀을 보는 재미도 어느새 익숙해져 가고만 있었기 때문일까. 모든 모습들이 어느새 여행이 아닌 일상이 되어버렸다. 이번 수업을 들으면서 나는 인도에 오기 전을 떠올려 볼 수 있었다.

내면의 진실은 조금 이해하기 복잡했다. 정직한 상태를 추구하는 것만이 아니었기 때문이다. 남자 강사는 고통을 멈추고 아름다운 상태로 옮겨가는 것을 강조했다. 왜 이곳은 아름다운 상태를 자주 언급할까?

우리는 본능적으로 사랑을 구하고 원한다. 그래서 조건을 만들고 전략적으로 행동한다. 하지만 이것은 결핍에서 오는 갈망일 것이다. 아름다운 상태에서는 애씀 없이 모든 일이 순조롭게 이뤄진다고 했다. 어려운 일들이 기적적으로 해결되는 건 아름다운 상태에서 이루어진다는 것이다.

내면의 진실은 매 순간 바뀌는 듯하다. 드라마도 내 마음 상태에 따라 다른 것처럼 말이다. 고통은 매 순간 있기 때문에 진실은 한 번만 보는 것으로 끝나지 않을 것이다. 계속 찾고 찾는 게임이다.

사람으로 태어나서 산다면 피할 수 없는 숙명이자 숙제인 것 같다는 생각이 들었다. 붓다도 예수님도 유명한 성인들조차 죽기 직전까지 자신의 마음속 고행에서 자유롭지 못했듯이 말이다.

조화롭고 사랑스러운 관계의
Sowbhagya Lakshmi(쏘우바기야 락쉬미)

사랑한다는 것은 과연 무엇일까? 우리는 이 질문의 답을 찾는 시간을 맞았다. 보통의 사람들은 무의식적으로 소유하고 지배하고 통제하는 것에 익숙해져 있다.

그런데 어느 순간 상대와 조화를 이루지 못하고 폭발하면 관계가 위태로워진다. 그리고 헤어짐을 맞이한다. 크게 싸우거나 서로 말을 하지 않는다.

우리는 매일 인간관계에서 숱한 고민의 줄다리기를 한다. 그런데 잘 들여다보면 모든 중심에 '나'의 욕구가 있다. 애석하게도 사랑을 발견할 수 없다.

남자 강사의 지도하에 과정이 진행되었다. 지난 락쉬미 과정과 비슷했지만 이번 차크라는 ANAHATA(아나하타)라고 불렀다. 가슴에 위치한 이 차크라는 초록색이다. 눈을 편하게 해준다는 초록색이어서 그런지 해당 차크라 그림을 볼 때 아늑하고 편했다.

"Yang~ Yang~."

한국식 발음으로는 '얌'이라는 만트라가 울려 퍼진다. 곧이어 나긋한 음성과 편안한 말투가 들려왔다.

"사랑과 조화 속에 있는 자신을 보세요. 사랑을 받고, 사랑을 주었던 기억과 연결됩니다."

나에게 이내 황홀한 기쁨이 찾아왔다. 사랑, 내가 주변 사람들에게서 받고 싶었던 감정이었기 때문이었을까. 자연스럽게 사랑받는 내 모습을 저절로 떠올리게 된다. 그리고 내가 상대에게 사랑을 주는 것을 함께 생각하게 되었다. 상대가 나를 통해 행복해진다면 그도 나도 조화를 품은 사랑 안에 있는 것이다.

이곳에서는 사랑이라는 추상적인 감정을 두고 "온전한 현존의 상태"라고 말했다. 현존은 제한이 없는 마음 상태에 있는 것이다. 무엇이든 허용하고 수용한다.

우리는 특정 감정으로 마음에 품고 싶은 상을 그린다. 그렇게 현재에 서서 떠오르는 생각과 관점으로 우주 안의 모든 것과 공명하게 되는 것이다. 대표적인 예로 상대를 끌어당기는 것이 있다. 내가 누군가를 떠올리면 그 상대방도 나를 생각하고 있을 가능성이 높다.

영화〈인터스텔라〉에서 멀리 떨어진 아버지와 딸을 연결해 준 고리는 '사랑'이었다. 보이지 않지만 강력했기에 그토록 바라던 아버지와 딸의 만남도 이루어졌다. 생각하고 염원하고 있는 현재의 밑바탕에는 사랑이 담겨있다. 이처럼 '사랑'은 매개체이고 연결고리의 속성을 가진다. 그래서 소중하게 품고 싶은 마음이 들 것이다.

쏘우바기야 락쉬미는 '사랑'의 면모를 들여다보게 한다. 나의 닫혀 있는 가슴이 열리는 시간이기도 했다. 가슴이 열린다는 건 사랑이 꽃피는 시간이기도 하다. 그것은 아픔, 우울, 쓸쓸함, 외로움에 오래 잠겨있지 않음을 의미한다. 그것은 나를 찾아오더라도 금세 지나갔다.

나는 이 과정을 하면서 매우 행복한 감정이 올라왔다. 많은 기억이 파노라마처럼 스쳐 지나갔던 것 같다. 그렇지만 조건 없는 따뜻함이 내 온기를 적셔주는 것 같은 기분이 들었다. 낯설었던 인도 땅 어딘가에서 '사랑'을 느낀다는 건 정말 흥미로웠다.

지나간 시간을 회상하면서 사랑받고 행복했던 기억을 마주했다. 사랑한다는 건 그 당시 현재에 최선을 다한 사람이 느낄 수 있는 감정 그 이상인 것 같다는 생각이 들었다. 과정이 끝나고 나니 헛헛한 마음이 올라온다.

마음을 따라 인도까지 왔는데 인도를 품은 순간 느꼈다. 내가 한국에 있어도 이미 인도에 있는 것과 다를 바 없다는 사실이다. 몸은 마음을 따라가기 마련이다. 사랑, 보고 바라는 대로 다가왔다.

러시아의 대문호 톨스토이는 '사람은 무엇으로 사는가'라고 했다. 그의 문학에서 타인을 돕는 사람과 이기적인 사람은 정해져 있지 않았다. 누구나 '사랑하는 마음'이 있다고 했다. 나 역시 그렇게 생각한다. 사랑, 우리의 본질이자 전부이다.

별리(別離), 그리고 변화

Gayatri Homa(가야트리 호마)

새벽부터 분주한 소리가 들리기 시작했다. 문틈 사이로 새어 들어오는 빛이 나의 눈 시계를 깨운다. 인도 시각으로 새벽 4시 반. 침대에서 뒤척일 시간 없이 재빨리 씻고 옷을 챙겨 입었다. 가로등에서 흘러나오는 빛에 의지한 채 버스가 있는 곳으로 내디뎠다. 새벽녘을 알리는 가는 빛줄기가 땅바닥에서 퍼져나가고 있다. 그 느낌은 곧 설렘으로 바뀐다.

오늘은 특별한 의식을 치르러 가는 날이었다. 일찍 채비를 마치고 온 보람이 있었는지 버스 앞좌석에 앉아 갈 수 있었다. 안도감을 느끼니 졸음이 몰려왔다. 다음 수업 시간에 졸음이 쏟아질 것 같았지만 곧 아무 생각 없이 앉아 밖을 바라봤다.

그사이 하늘에 어둑어둑한 색이 찾아들었다. 그 색은 어느덧 아침 햇살로 바뀌었다. 사람들을 태운 버스도 길모퉁이에서 멈춰 서다 언제 그랬냐는 듯 맹렬히 달리기 시작한다. 울퉁불퉁하고 구불구불한 흙길을 따라 한참을 들어가니 인도의 시골 풍경이 나타났다.

1년 전과 또 다르다. 지금 와서 보니 사람 사는 곳이었다. 우리가 탄 버스를 향해 손을 들어 인사하는 인도 어린아이들의 생기 넘치는 표정, 특이한 문양이 적혀있는 주택가, 한가로이 풀을 뜯는 검은색 소들, 족구를 하는 사람들, 촘촘하고 세밀하게 붙어있는 길고 긴 나무숲들은 평범한 인도 시골 모습이었다. 한번 보고 지나쳤던 곳이라서 그럴까. 자극이 느껴지지 않았다. 그래서 나의 눈은 편안하게 풍경을 응시할 수 있었다.

우리가 가는 곳은 '신성의 숲'이다. 신성의 숲은 산속 깊숙이 위치해 있는데 마치 비밀의 장소 같았다. 비밀의 장소 같아 보이는 '신성의 숲'에서 우리는 호마를 진행한다.

버스에서 내리고 천천히 사람들을 따라 순서대로 어느 건물 안으로 들어갔다. 1년 전 집단 호마를 했던 곳이었다. 그런데 이제는 개인이 호마를 할 수 있게 모든 게 준비돼 있었다.

오늘은 호마를 신청한 사람이 직접 하는 날이다. 호마는 신성한 불의 의식으로 부정적인 삼스카라(무의식에 남은 인상)를 정화한다. 그래서 오앤오 아카데미를 찾는 많은 사람들이 삶에서 생기는 장애물의 돌파를 위해 적극적으로 참여하는 분위기다.

오늘의 호마는 전생의 카르마를 해소하는 가야트리 호마였다. 더불어 각자가 이루길 원하는 소망을 기도하는 시간도 있다. 나는 이곳에 처음 왔을 때 가야트리 호마를 신청했다. 또 해야 하나 잠시 망설여진다. 그러나 이번에는 당사자가 스스로 한다는 데 큰 의의가 있었다.

바나나, 성냥, 큰 그릇 안에 있는 기름, 나무 장작, 수풀 더미들, 꽃잎들, 그리고 네모난 금색 얀트라, 동그란 보자기에 둘러싸인 아르띠, 노란색 쌀, 진한 노란색 가루와 빨간색 가루. 고요한 바람만 부는 산등성이 전경이 보이는 가운데 우리들은 덩그러니 앉아 의식을 진행하게 되었다.

강사는 경건하게 이 의식에 참여하길 권유했다. 그의 말에 모두의 표정이 진지해진다. 곧이어 사제들과 함께 의식을 진행하게 되었다. 일정한 거리를 두고 떨어져 있는 작은 제단마다 불이 붙기 시작했다. 장작이 활활 타오르는 모습을 보면서 이상하게도 불이 나를 집어삼킬까 두려워졌다.

뜨거운 불의 촉감이 맞닿아지니 6살 때 화상을 입었던 어린 나를 떠올리게 되었다. 나의 무의식 속에 불은 공포를 느끼게 하는 대상이었다. 우리는 두려워하는 게 저마다 다르다. 내게 불이 그랬다.

의식이 진행될수록 장작에 붙은 불의 열기는 식을 줄 모른다. 더불어 사제들의 입에서 나오는 만트라(주문)의 힘도 더 강해진다. 그야말로 점입가경이었다. 그리고 만트라에 맞춰 기름을 부으니 불이 뿜는 연기 냄새가 쉴 새 없이 지독하게 코를 자극한다. 그래도 피할 수 없어 마주해야 했다.

1시간 가까이 되니 의식의 마지막 단계에 접어들었다. 아르띠를 불 속으로 던져 태우고 한두 명씩 앞으로 나와 줄을 섰다. 사제들이 가져온 물을 머리에 뿌리고 나의 두 손에 받아 마셨다.

뒤를 돌아 사람들이 있었던 자리를 말없이 바라보았다. 아르띠를 태우는 것은 완전히 내려놓는 것을 행하는 것이다. 아픔, 집착, 염원, 간절함을 내려놓고 떠나보내는 것이다. 그렇게 과거를 보내고 새로운 운명을 맞이할 준비를 한다.

  나는 마음속에서 무언가 대단한 걸 해낸 것 같은 기분이 들었다. 특히 아르띠를 이글이글 타오르는 불 속에 던질 때 묘한 쾌감이 들었다. 의식이 끝나면 사람들의 표정이 홀가분해졌다. 과정이 끝났다는 건 너도나도 한 꺼풀씩 벗겨지는 것인가 보다.

  밖으로 나가니 인도 여자 한 분이 내게 작은 종이 안에 든 약밥을 먹으라고 건네준다. 한 입 베어 물어 먹으면서 한국의 약밥을 연상했다. 인도의 디저트는 설탕을 많이 넣어서 무척 단 편인데 이 약밥도 약간 달았다. 하지만 잠깐의 배고픔을 달래기에는 더할 나위 없이 좋았다.

  밖에는 말라서 뼈가 앙상한 떠돌이 개들이 몰려와 먹을 것을 달라고 다가온다. 꼬리를 흔들고 얌전해 보이는 표정으로 사람들에게 먹을 것을 얻어먹고 있었다.

  개들은 배가 고픈지 넘어진 쓰레기통을 뒤졌다. 그 모습을 보고 측은한 마음이 들었지만 오래가진 않았다. 곧 다음 수업을 위해 이동해야 한다는 마음 때문이었다. 버스를 타기 위해 돌아가는 길가에 피어난 꽃이 사람들의 시선을 자극한다.

  개인 호마 시간은 저마다 참여하는 의의가 다를 거란 생각이 들었다. 같이 온 일행들과 미주알고주알 말할 새도 없이 잠시 창가에 기대어 잠을 청했다. 긴장이 풀린 탓이었다.

  돌아가는 버스 안에서 본 거대한 산이 작아 보였다. 이제 나의 무의식 속에서 불에 대한 기억은 저 산을 보는 것처럼 작게 느껴졌다.

소원 이상의 무언가가 깊이 충족된 기분이었다.

  GOLDEN SHELTER라고 적힌 정류장을 순식간에 지나쳤다. 철문처럼 보이던 입구의 큰 문이 외출하고 돌아온 우리를 반갑게 맞이한다. 나를 비롯해 호마에 참여한 모든 사람의 마음에도 문이 열린 것만 같다. 캠퍼스에서 내딛는 걸음이 기분 좋았다.

Eva / Naiva trap

 이른 아침 호마를 마치고 돌아온 나의 이마에는 손으로 찍어 바른 노란색과 빨간색이 있다. 내 이마 중앙에 무엇을 하고 왔는지 알 수 있는 발 도장이 찍혀있는 기분은 썩 나쁘지 않았다. 부정적인 낙인의 증표는 아니었기 때문이다.

 바닥에서 편히 접었다 펼 수 있는 폴더 같았던 의자에 앉아 강단을 바라보았다. 오늘은 목소리가 고운 여자 선생님이 수업을 진행한다. 까랑까랑한 고음을 가진 선생님이 말을 하니 금세 주위가 집중될 수밖에 없었다.

"여러분 오늘 아름다운 상태에서 살고 있나요?"

 명상홀 내를 가득 채우는 밝은 음성에 선생님도 덩달아 기분이 좋아진 것 같았다. 멀리서도 보이는 그녀의 미소가 유독 환해 보였다. 아름다운 상태에서 산다는 건 나뿐만 아니라 내 주위 사람들도 행복하게 만드는가 보다. 아침 호마의 기운이 내 몸 전체에서 명상홀 구석 끝까지 퍼져나가는 듯했다.

오늘 수업은 나의식 상태에서 우리가 가장 많이 범하는 오류인 Eva(에바), Naiva(나에바)를 설명했다. 두 단어는 산스크리트어이기도 하다. Eva(에바)는 '나는 항상 좋아', '나는 좋은 사람이야'라고 주장하는 것이다. 그래서 "나는 이것이야" 하고 자기 선언을 한다.

반면에 Naiva(나에바)는 '나는 결코 나쁘지 않아', '나는 책임감 없는 사람은 아니야', '나는 고집이 센 사람은 아니야'라며 자신의 한 면을 소유하지 않고 부정하는 것이다.

살면서 자신의 특정한 면에 집착하지 않고 삶을 목격하게 된다면 얼마나 행복해질까. 우리는 하나의 아이덴티티, 한 가지 면에 자주 빠진다. 모든 경험의 전체에서 하나의 면을 붙잡고 있는 것과 마찬가지이다.

이러한 상태는 강박적 집착에 빠지고 비판적인 갈등 속에 머물게 한다. 그 속을 들여다보면 항상 죄책감이 있어 다른 사람들에게 완벽함을 요구하기도 한다. 그리고 언제 떨어질지 모르는 위태로운 벼랑위 불안을 만들어 낸다.

나를 알아가는 수련을 하다 보면 에고(Ego)를 관찰하게 된다. 감정과 생각에 빠져 부정과 긍정의 울타리에서 집착하는 걸 알아차리는 것이다. 쉬운 것 같지만 어려운 작업이기도 하다. 나에게는 욕구가 있기 때문이다.

결국 에고(Ego)를 알고 인정하는 작업 자체가 '나'라는 사람이 살아온 지난 사건들을 라이프 리뷰할 수 있는 좋은 기회이기도 했다. 1년 전 나는 이맘때쯤 어떠한 일이 있었으며 어떤 상태에 있었는가? 하는 되물음이 있어야 한다.

우리는 계속 앞으로 나아가려고만 한다. 그게 최선이라고 생각하고 학습받아 왔기 때문이다. 과거는 지나간 것이 맞지만 교정되지 않은 과거는 재생산돼서 반복되는 것 같다. 사람은 무의식적으로 과거의 일을 통해 얻은 지식과 깨달음을 기반으로 현재와 미래를 선택하는 습성이 있기 때문이다. 결심을 하고 일을 진행했더라도 예전과 모습이 별반 다르지 않은 것의 이유도 바로 이러한 선택 때문이다.

그래서 '나는 어떠한 마음 상태에서 도전에 직면했는가?' 묻는 라이프 리뷰는 중요하다. 라이프 리뷰는 내면의 비전을 가지게 되는 일이기도 하다.

"함께 경험하는 시간을 가져봅니다."

그녀의 애정이 담긴 말투가 우리에게 제안한다. 숨겨진 밑바닥을 들춰내는 과정이 시작되었다. 눈을 감고 누워 지난 시간을 돌아보게 되었다. 유독 떠오르는 가슴 아팠던 사건들 앞에서 내 뺨에 눈물이 흘러내렸다.

"커다란 폭포 앞에 서있습니다. 나의 제한된 마스크를 봅니다. 그 위에서 모두 놓아버리세요."

나는 제한된 마스크를 폭포 속으로 던지는 걸 상상했다. 나에게 영원한 자유를 주고 싶은 굳센 심정이기도 했다. 내 손에 꽉 쥐고 있던 모래가 **빠져나가는** 기분이다. 무겁게 나를 짓눌렀던 것은 손만 펼치면 모래처럼 스르륵 흘러내려 사라질 수 있었다.

왜 그 손을 펼치는 걸 해보지 않았을까? 나를 영영 떠나버릴까 하는 마음 때문이었을까. 나의 집착을 받아들이는 시간이 왔다. 그런데 생각보다 후련하고 아프지 않았다. 비운다는 건 끝까지 집착해 본 사람만이 할 수 있다는 걸 알게 되었기 때문이다.

"눈을 감고 누워 편안한 자세로 쉽니다."

10분여가 지나자 명상홀 내 불이 들어왔다. 멍한 기분과 동시에 꿈에서 깬 것 같은 착각도 들었다.

"쉬는 시간을 갖겠습니다. 화장실을 다녀오고 15분 뒤 다시 모이겠습니다."

누워있던 나를 일으켜 밖으로 나가 물을 마시고 차가운 대리석 바닥에 앉아 하염없이 밖을 바라봤다. 시원한 물이 내 온몸 구석구석 퍼져간다.

나는 매일 미지의 세계를 탐험하는 것만 같다. 그 세계는 깊고 어마어마하게 큰 블랙홀이었다. 꺼내도 끝이 없고 또 만들어진다. 다른 사람들은 어떻게 느끼고 생각할까? 궁금해졌다. 복잡하면서도 이해할 수 없는 감정이 올라왔다. 거대한 우주 속에서 나는 길을 찾고 발견하고 걷고 있는 중이었다.

성공과 승리의 Vijaya Lakshmi
(비자야 락쉬미)

캠퍼스 내에서 사람들과 함께하는 점심 식사는 친목 이상으로 경험을 나누는 소중한 시간이다. 그 날은 내가 좋아하는 맛있는 파스타와 인도식 요구르트 라씨가 나와 내 식욕을 돋우고 있었다. 한국에서 먹는 파스타와 요구르트는 큰 의미가 없었는데 이곳에서 먹을 땐 제일 훌륭한 한 끼 식사가 되었다. 평소에 얼마나 많은 것들을 누리며 살고 있는지 몸소 느끼게 만든다.

같이 온 일행 중 한 명이 점심시간에 내 옆에 앉아 조심스레 묻는다.

"민아 씨는 과정에 깊이 몰두했나 봐. 말이 없어졌어."
"아, 여기 오면 말을 안 하게 되네요. 듣는 게 좋아서요."

그녀의 호기심 어린 눈빛에 나는 담담하게 대꾸하고 말았다. 어른들이 나를 두고 말하길 어릴 적에는 말이 없는 아이였다고 했다. 이곳에서 생활하니 원래 가지고 있던 나의 성향이 드러나는 것 같다. 그렇지만 나는 좋아하는 사람들과 함께 있으면 수다쟁이가 되기도 한다.

사람은 환경에 따라 다양한 성격이 드러나기 마련이다. 그래서 내성적인 사람, 외향적인 사람이라고 단정 지어 말하는 건 성급한 일이기도 하다. 생활상을 관찰해 보면 두 가지 모습이 적절히 섞여있기 때문이다.

좋은 가치를 지닌다는 건 평가를 주고받는 일을 넘어서는 것이다. 특히 성공이라는 게 그렇다. 그 안에는 좋은 가치가 있는지 보고 만족을 주는 '명료함'이 있어야 한다. 그렇다면 성공이란 무엇인가? 나는 무엇을 원하는가? 질문하지 않을 수 없다. 우리는 이 캠퍼스에 있는 동안 끊임없이 질문하고 해답을 구했다. 그런 과정을 통해 서로를 관통하는 '안목'을 찾아내는 작업을 하고 있는 중이었다.

오늘의 비자야 락쉬미 수업의 강사가 명랑하고 밝은 어조로 말했다.

"성공은 무엇이죠? 여러분이 직업, 관계, 재정, 모든 존재에서 생각하는 성공을 적어보세요."

그 말 한마디에 모두가 일사불란하게 노트에 적기 시작한다. 열성적인 강사와 학생을 볼 수 있는 이곳의 분위기가 나는 정말로 좋았다.

성공은 내가 가장 열망했던 부분이었다. 20대 내내 얼마나 인정받고 성공하고 싶었는지 스스로를 잘 안다고 생각하며 지내왔다. 그런데 이번에는 골똘히 생각에 빠져 떠오르는 대로 적어보기로 했다.

'하고 싶은 일을 하면서 돈도 많이 벌고 인정받으며 만족감을 얻는 것.'
글을 적고 나니 행복하게 살고 싶다는 마음이 느껴졌다.

"여러분 성공이라는 게 대단한 것을 성취하는 것만은 아닙니다. 예를 들면 용서할 수 없는 사람을 용서한 것도 성공입니다."
"머리의 제안을 놓아버릴 수 있는 것도 성공입니다."

예전에 지인과 대화를 하다 그녀가 성공은 상대적이라고 말했던 게 떠올랐다. 나에게 주변 사람들이 적절한 답을 주고 있었던 것 같다.

"이제 경험하기로 들어갑니다."

강사의 말에 명상홀의 불이 하나둘 꺼지고 차분한 음악 소리가 들려왔다. 그 음악에 맞춰 우리는 비자야 락쉬미를 깨우고 만나는 과정에 들어갔다. 중간쯤 들어서니 "성공한 자신을 떠올려 보세요"라는 말이 울려 퍼졌다. 기분이 좋아지면서 가장 바랐던 장면들을 하나씩 생각했다. 이제까지 만난 락쉬미 중 '좋은 가치'를 생각해 보게 하는 과정이 아니었나 싶다.

오늘날 현대인에게 성공은 경쟁 속에서 이루는 척박함 속에 있다. 서점가에 가면 어떻게 하면 성공하는지에 대한 자기 계발 서적이 있다. '나는 이렇게 해서 성공했다' 하는 광고는 책을 읽는 독자들도 크게 성공하게 할 것만 같은 미래를 꿈꾸게 한다. 하지만 너도나도 성공을 열망하고 도전하지만 큰 성공을 거두는 사람은 극소수에 불과하다는 점은 아이러니하다.

'나는 성공한다'라는 자신감은 때로는 독선이 되기도 한다. 그 이유는 앞서 말한 대로 그 안에 좋은 가치와 명료함이 없기 때문일 것이다. 그 가치는 많은 사람들에게 이롭고 긍정적이어야 할 필요가 있을 것 같다. 결국 나에게 돌아오기 때문이다.

16개의 파란 연꽃 문양의 차크라 그림이 아름다웠던 게 기억이 났다. 우리의 목 부분에 해당하는 차크라 그림이기도 했다. 목은 지배와 억압에서 벗어나는 걸 의미한다. 우리 인체에서 소리를 담당하는 기관이기 때문이다.

성공의 출발점도 내면이 보내는 신호에 목소리를 내는 것부터 시작하는 게 아닌가 싶다. 성공이 정말 코앞에 있는듯한 황홀함마저 들었다. 자연스럽게 나는 성공한 뒤 축배를 드는 모습을 떠올렸다. 미소가 머금어지면서 이미 받았다는 기쁨으로 환한 미소를 지었다.

감사함이 운명을 바꾼다

감사함을 마음에 품는다는 건 부정적인 프로그램을 끄고 긍정적인 프로그램을 작동시키는 것과 같다. 긍정적인 프로그램이 작동할 때 더 좋은 것들을 우리들의 일상에 끌어당길 수 있다. 우리가 감사한 마음이 들 때 내 안에 신성을 만난다. 신성의 성품은 감사로 표현될 수 있다.

감사한다는 건 삶을 축복하는 의식 상태이자 사랑에 도달하는 가장 빠른 방법이다. 그렇기 때문에 모든 것을 당연히 여길 때, 귀중함을 잃을 때, 감사를 잃을 때 우리의 의식도 쇠퇴하게 된다.

이곳을 방문하기 위해서는 주변의 도움이 많이 필요하다. 방문할 때마다 매번 도움이 필요하다는 생각이 들었다. 낯선 첸나이 공항에서 2시간을 더 들어간 캠퍼스에 가기 위해 택시와 운전기사, 통역과 안내를 도와주는 코디네이터가 필요하기 때문이었다. 영어를 잘한다면 괜찮을 것만 같다. 하지만 혼자 가는 것보다 안전하게 믿고 함께 할 만한 사람들이 옆에 있다는 건 큰 힘이 된다. 그렇기 때문에 내가 얼마나 다른 사람들에게 의존하며 살아갈 수밖에 없는가 생각하게 만든다.

명상홀 내에 있다 보면 각 나라에서 온 통역하는 사람들과 마주칠 때가 있다. 그들은 앞좌석에서 제일 바쁘고 수업 시간에는 다른 곳에 한눈을 팔 수 없는 사람들이기도 하다. 그래서 제일 긴장하고 있는 사람들이 아닐까 싶다.

애쓰는 그들의 노고 덕분에 수업 중 들려오는 영어가 통역기를 통해 완벽한 자국어로 전환된다. 이곳에서 두 다리 뻗고 편하게 수업을 듣는다는 것은 정말 행복한 일이 아닐 수 없었다.

가끔 언론 매체를 통해서 서비스직에 있는 사람들의 고충을 듣곤 한다. 나도 백화점에서 잠시 일한 적이 있었기에 그 마음을 충분히 이해한다. 하루 종일 서있는 것보다 힘든 것은 사람에게 받는 스트레스였다.

우리 사회에서 유행처럼 도는 소위 '갑질'이라고 하는 단어가 있다. 이 의식 상태에는 거만함이 배어있다. 거만함에는 상대에 대한 배려와 고마움은 존재하지 않는다. 살다 보면 언젠간 원숭이도 나무에서 떨어질 때가 있을 것이다. 그렇기 때문에 거만함은 겸손을 데리고 다닌다.

우리는 서비스를 받는 것에 감사해야 할 필요가 있다. 이것을 '이용자의 태도'라고 말한다. 감사함을 표현한다는 것은 세상과 깊은 연결성을 가지는 일이다.

나는 코스에 참여하면서 사소하고 작은 일에도 '감사합니다'라는 말을 여러 번 반복하게 되었다. 식당에 줄을 서서 밥을 먹을 때 무심코

식기를 건네주던 내 앞사람, 다른 일로 통역을 부탁할 때 열정적으로 나서서 도움을 주던 코디네이터, 부족한 100루피를 내준 사람 덕분에 마음에 드는 물건을 사게 되었을 때, 뜨거운 커피포트에 있는 물을 먼저 양보받았을 때, 길을 묻는 내 질문에 하던 일을 멈추고 친절하게 알려주던 인도 사람들, 호마가 끝나고 피곤한 내게 먹을 것을 건네주던 여자, 큰 공항에서 나를 잃어버렸을까 찾으러 뛰어다니던 일행들, 첸나이 공항에서 항공권을 발권할 때 한국말로 '감사합니다'라고 응대해 준 항공사 직원. 돌이켜 보면 이 세상에 별것 아닌 것은 없는 것 같다. 마주침이 있는 곳에 연결이 있고 경의와 즐거움이 있기 때문이다.

우리의 수업은 점점 정점을 달리고 있다. 벌써 6일 차다. 일상에서 접목할 수 있는 중요한 가치와 실용적인 가르침이 드러나는 것만 같다. 우리는 감사라는 감정을 직접 느끼고 경험하는 과정에 들어갔다.

나는 감사하고 싶은 대상을 쉽게 떠올릴 수 있었다. 이상하게도 멀리 떨어진 타국에 오니 친구들과 부모님 생각부터 난다. 몸은 멀리 떨어져 있어도 마음만은 이미 그들과 하나가 된 기분이다.

이곳의 특징 중 하나는 이론 수업이 끝나면 '경험하기'가 있다. 우리가 몸소 실천해 보는 것처럼 그 이상의 탁월한 배움은 없다는 걸 뼈저리게 느끼게 한다. 행동을 먼저 한다는 건 온갖 번뇌의 잡생각을 사라지게 할 수 있다.

우리는 행동 후에 무엇을 얻게 되는가? 감사라는 아름다운 의식 상태가 내 운명을 바꾼다. 늘 똑같고 지겨운 삶이라는 생각을 차츰

멀어지게 만든다. 평범한 일상도 감사하게 될 때 조건화된 마인드를 넘어서게 되는 것 같다. 우리는 언제든 우리 자신을 훌륭하게 만들 수 있다.

몸

몸에도 자신의 지성이 있는 것 같다. 그래서 내가 과거에 몸으로 행했던 것은 기억하고 있는 영특함이 있다. 운동기구를 다룰 때 주로 나타난다. 그런데 우리는 어릴 적부터 머릿속 지성으로 살아가고 생존하는 걸 학습받으며 자라왔다. 그래서 몸은 마음을 따라가는 거라고 믿어왔다.

하지만 반대로 몸 상태는 나의 마음 상태를 지배할 수 있다. 몸이 아플 때 아무것도 하지 못하고 앓는 것을 보면 말이다. 몸의 역습이기도 하다. 그래서 건강을 잃으면 모든 걸 잃는 것과 마찬가지라는 관점도 이와 일맥상통한다. 우리에게 건강이란 무엇인가.

"여러분, 건강이란 무엇입니까? 그것은 몸이 원네스 상태로 돌아가는 것입니다."

하얀색 옷을 차려입고 곱슬머리가 머리 중간까지 내려오는 여자 강사가 우리를 한번 크게 둘러보고 말한다. 이어 들숨을 쉬고 바라보는 눈빛에 생동감이 느껴졌다. 나는 원네스 상태는 무엇인지 짐짓 호기심이 들었다.

"그것은 우주의 구조 방식이고 자연의 법칙입니다. 몸 안의 기관들과 하나가 되고 의식의 작용이 조화를 이루는 것, 그것은 원네스입니다."
"오늘 우리는 몸에게 용서를 구하는 시간을 갖겠습니다."

우리는 아난다 만달라를 시작했다. 아난다 만달라는 호흡 명상이다. 둥그렇게 모여 앉아 옆 사람의 손을 잡았다. 숨을 참았다 내쉬는 걸 반복하면서 떠오르는 잡념을 떨쳐버렸다. 내 옆에 앉은 외국인 여자가 웃음을 터트린다. 평소 같으면 특이하고 이상하다고 생각했을 텐데 이곳에 오면 그런 마음이 누그러진다. 그녀는 자신의 방식대로 과정에 참여하고 있을 뿐이었다.

"자비로움에서 현존합니다."

정말 따뜻한 말이라고 생각됐다. 현존, 마음이 현재에 있는 걸 말한다. 지금 나는 어떤 마음 상태로 나의 몸을 바라보고 있는가. 자비로움이라는 말이 뜨겁게 가슴을 울린다.
갑자기 '나 자신과의 싸움'이라며 내 몸과 다이어트를 하던 때가 생각이 났다. 의지에 반하는 행동을 하지 않는 것, 그게 '나 자신과의 싸움'이었다.

몸에 관한 수업을 듣고 난 후, '나 자신과의 싸움'이라는 말이 정말 이상하게 느껴졌다. 지금 내가 먹는 음식이 우리 몸이 필요로 하는 영양분일 수 있다.

무엇보다 우리는 의식해서 행동할 수 있다. 좋은 양분이 들어간 식품을 선별해 섭취하고 적절한 운동을 통해 몸이 바르게 건강해지는 선택이다.

원네스는 우주적으로 협력해서 살아가는 것과 같다. 좋은 의식과 좋은 건강이 상호 조화를 이뤄야 한다. 우리는 하나의 작은 세포로 이루어져 전체의 조화를 가진 지금의 '나'가 됐다. 만약 전체의 조화 속에서 다른 리듬을 택하기로 한 세포가 있다면 반란일 것이다. 그리고 사람의 세포로 치면 상한 세포이며 이는 암세포가 된다고 한다.

높은 의식의 알아차림과 몸의 조화는 상호연결성을 가진다. 넓은 은하계 우주도 끝없이 팽창하고 분열한다. 우리의 세포처럼 말이다. 움직이는 조화와 구조 속에 있다. 우리 몸과 마음도 조화의 움직임 속에 있다는 걸 직감하게 된다. 그래서 몸과 함께한 이 시간이 정말 소중하다.

자비란 관용이다. 너그러움. 너그러운 마음으로 거울에 비친 내 몸을 보았다. 신기하게도 예전에는 미처 보지 못한 예쁜 모습이 보인다. 저항이 사라지니 판단 없는 내가 있었다. 자비, 그 안에는 사랑과 연민이 담겨져 있다.

우리 모두가 자신에게 할 수 있는 일이지 않을까 싶었다. 의식과 나의 몸이 조화를 이루니 내 마음에도 산들바람이 부는 봄이 찾아온다. 가볍고 상큼한 기분이 든 것이다. 몸을 인격체처럼 존중하고 진정으로 돌보고 싶은 마음이 샘솟았다.

건강과 장수의 Arogya Lakshmi
(아로기야 락쉬미)

"몸을 존중하지 않고 너무나 당연시 여기고 진정으로 돌보지 않습니다."
"오늘은 건강의 락쉬미를 만나는 시간을 갖겠습니다."

이번 수업에서 강사는 우리에게 사람들이 몸을 대하는 태도에 대해서 이야기했다. 나는 직장 생활을 하면서 술자리에서 과음하고 기분이 내키는 대로 먹고 싶은 걸 과식했던 기억을 떠올렸다.

다음 날 몸에 좋다는 비타민제와 각종 영양제를 챙겨 먹었는데 괜히 찔렸다. 몸에게 미안해지는 순간이었다. 알면서도 상황이 어쩔 수 없었다는 변명. 그게 바로 일반 사람들이 쉽게 저지르는 일이기도 하다.

'아로기야 락쉬미'는 배꼽 뒤쪽 척추에 위치한 차크라이다. '마니푸라 차크라'라고 불리기도 한다. 좋은 건강을 가진다는 건 좋은 의식의 면을 가진다는 의미이기도 하다. 몸의 상태가 좋아지면 사람의 성격도 활발해지고 밝아지는 것처럼 말이다. 활력이 생기면 뭐든 잘할 수 있을 것 같은 자신감도 솟아난다. 우리 삶에서 건강하다는 건 정말 중요하다.

"과정에 들어가겠습니다. 모두 눈을 감아주세요."
"해당 차크라 만트라는 Rang입니다."

과정이 진행되자 모두가 침묵 속으로 빠져든다.

"Rang~ Rang~."

이번 만트라는 랑이라는 발음이 들린다. 아로기야 락쉬미 사진은 10개의 노란색 연꽃무늬가 있고 안에는 빨간 불이 형상화되어 있었다. 그림을 계속 보니 이번 치크라 사신은 마냥 귀엽게 느껴졌다.

이곳은 특이하게도 만트라를 외우고 난 뒤에는 감사를 표현하는 시간이 꼭 있었다. 세 번의 감사, 이미 내가 축복을 받았다는 선언. 이 선언은 불교에서 말하는 진언과 비슷하지 않을까 싶었다. 진언은 순수하고 진실하며 거짓됨이 없는 참된 말이라는 뜻이다.

우리는 고통스러운 상태에 머물 때 많은 문제와 마주친다. 슬럼프가 그 예이다. 그러나 슬럼프는 내 마음이 만들어 낸 수렁에 불과할지 모른다. 건강도 마찬가지다. 가끔 암과 같은 병을 식이요법과 치료를 병행하며, 생생한 심상화와 이미 나았다는 믿음으로 이겨냈다는 기적적인 경험담을 읽게 되면 완벽함에 집중하지 않을 수 없다. 이미 다 나아서 건강하다는 선언. 그것은 '나는 건강하다'는 진리의 파동을 내보는 것과 마찬가지인가 보다.

불교에서 '초발심시변정각(初發心是便正覺)'이라는 말이 있는데 초발심을 낸 처음 순간이 깨달음을 이룬 때라는 뜻이다. 처음처럼 수행에 계속 정진하면 어느 날 자연스레 깨닫게 된다는 것이다. 순수함과 간절함을 늘 마음에 지니고 있으라는 의미인 것 같다. '초심으로 돌아가라'는 말이 위와 궤를 같이하는 듯싶다. 이처럼 선언한다는 건 깨끗해지는 것이기도 하다. 한 가지 마음 상태에 일념하겠다는 각오가 있다.

"건강한 육체에 정신이 깃든다"는 예부터 내려온 말은 우리의 육체와 의식의 조화가 얼마나 중요한지 의미하는 것일 수 있다. 우리는 알고 있다. 돈으로 환산할 수 없는 부를 가진 것이라고 말이다.

어른들이 나이 들수록 건강한 모습을 동경하고 바라는 것도 그 안에는 돈으로 살 수 없는 몸의 젊음과 생생함이 깃들어있기 때문이다. 이는 기울어져 가고 쇠퇴하는 것과 상반되는 것이다. 그래서 진시황도 불로초를 찾아 헤맸는지 모르겠다.

늙지 않는 영원한 건강과 영원한 아름다움. 아직 인류가 극복해 내지 못한 난공불락의 요새이기도 하다. 아로기야 락쉬미는 몸과 마음을 관찰하게 한다. 그래서 몸이 마음과 연결되어 있음을 다시금 깨닫는다.

빨간색 문양이 자꾸만 생각났다. 동그란 노란색 연꽃무늬 안에 있는 빨간색이 불같아 보였는데 몸 안에서 활활 타오를 것만 같다. 우리 생명력의 연료이자 공급원으로써 말이다.

집착

불교의 《금강경》에는 아상에 집착 없이 마음을 내도록 하라는 말이 있다고 한다. 불교에서 아상은 '집착'이 존재하는 분별과 번뇌가 있는 관념을 의미하기도 한다. 그래서 불가에서는 내려놓는 연습에 정진한다.

우리가 살면서 겪는 힘든 일의 절반은 집착이 원인일 것이다. 내가 원하는 방향으로 되어야 한다고 고집을 부리기 때문에 불편한 마음이 올라오고 갈등 속에 놓이는 경우가 많기 때문이다. 우리가 하는 모든 말과 행동에는 '나'중심 상태의 집착이 있다.

나의 미트라가 나에게 다가온다. 그녀가 쉬는 시간에 누워있으면 항상 내가 먼저 다가가 흔들어 깨웠다. 그런데 오늘은 웬일인지 내 곁에 먼저 다가온다. 세 아이의 엄마라기에는 많이 어려 보이고 유쾌한 사람이었다. 그런데 나를 참 많이 좋아해 줬다. 나도 같이 있으면 즐거운 그녀를 좋아하지 않을 수 없었다.

그녀의 경상도 억양의 말씨가 친숙하고 따뜻하게 들려온다.

"민아 씨. 오늘은 기분이 좋아 보여."

시간이 흐를수록 나의 표정이 밝아지고 마음이 편안해 보여서 그런가 보다. 나는 그게 무엇이든 감정적 속박에서 점점 자유로워지고 있었다. 물을 마시고 그녀와 명상홀 안으로 들어와 짧은 소감을 나눴다. 그리고 그녀에게 인도에서 마주한 내면의 진실 일부를 터놓았다.

"제가 앞에 서길 원하지 않은 것 같네요."

그녀가 내 이야기를 진지하게 경청해 준다. 우리는 서로 통하고 있었다. 내가 느끼는 감정을 그녀도 감지한 것 같았다. 이곳에 있으니 상대의 고통도 나의 고통의 일부임을 느끼는 시간이 된다.

고통의 상태에 빠져 다시 인도를 방문한 나 자신과 마주한다. 해답을 얻는 시간은 아니었지만 털어놓으니 한결 가뿐해진 기분이었다. 그녀는 나를 보다 내 등을 쓰다듬는다. 말 그 이상의 소통이었다. 눈빛과 손짓으로 얻는 위안은 공감대를 형성하기에 좋았다.

생각하고 싶지 않았던 기억이 스쳐 지나간다. 그 기억은 죄책감을 넘어서서 고통이라는 집착이 되어 마음 한구석에 자리하고 있었다. 데이고 아픈 것처럼 쓰라림이 올라왔다.

기억 속에 있는 나 자신을 지켜보는 작업을 하고 있다는 걸 알게 되었다. 그런데 그게 나쁘다고 비난하고 싶지는 않았다. 그럴 때 봐야 했다. 부정하고 싶지 않은 나의 상태를 집착하고 있는 집착을 말이다.

우리는 코스에 참여해 매일 정화하며 내려놓는 작업을 하고 있었다. 고통이라는 집착의 상태를 벗어나는 것이다. 문득 노자의 《도덕경》 속 '무위이화(無爲而化)'라는 사자성어가 떠올랐다.

"애씀 없이 저절로 이루어진다."

어린 시절에는 자연의 순리 그대로 순응하는 자세가 삶에 안주하는 거라고 생각했다. 그런데 이제야 이해할 수 있게 되었다. 있는 그대로를 존중하는 신의 속성을 되찾은 것이다.

그녀는 나의 마음을 들여다보게 도와준 귀인이었다. 우리는 항상 귀인을 만나고 있는 것 같다. 뜻하지 않는 시간과 장소에서 나를 알아봐 주는 사람이 다가오기 때문이다. 그녀가 나의 이야기를 말없이 들어줌으로써 나는 마음속 집착을 보고 이게 고통이구나 알아차리게 되었다.

노트에 적어놓은 것들을 볼펜으로 그어버렸다. 그리고 될 거라 믿고 잊어버리기로 했다. 신에게 완전히 내맡기는 실험에 들어간 것이다.

우리는 집착을 통해 내맡김을 알게 된다. 집착이 있기에 놓아버리는 것도 할 수 있다. 어둠이 없다면 빛의 아름다움을 알 수 있을까. 고통도 나 자신이 알아줄 때 곁에서 아름다움으로 변해간다. 부정적이라고 치부해 버리는 곳에서 꽃이 피어오른다. 나의 다이어리에 적어놓았던 좋아하는 문정희의 〈성에꽃〉 구절을 떠올려 보았다.

신성함(Sacredness), 나라야나

"모든 곳에 신성이 있습니다. 다른 말로 나라야나, 살아있음을 느끼는 것입니다."

오늘의 강의 주제는 신성함, 인도 말로 나라야나다. 산책로에서 흘러가는 개울가의 물이 햇빛에 반사돼 반짝이는 모습은 정말 예술적이다.

자연의 생동감. 누가 저런 것을 멋지게 만들어 낼 수 있을까. 알 수 없는 경외감이 든다. 수업을 들으면서 나는 매일 만물의 살아있음을 느낀다. 다른 말로 '현존'이다. 세 번째 날인가 네 번째 날이었던 것 같다.

나는 미트라가 된 일행과 점심을 먹고 식당을 나와 따뜻한 바람을 걷고 있었다. 휴식 시간이 1시간 반이나 남아서인지 그녀와 나의 발걸음은 여유로웠고 느긋했다. 무엇에 쫓기지 않고 조급하지 않아도 되는 이곳의 매력에 푹 빠져있었다. 지나가는 길목에 서있는 나무를 보았다. 인도만의 독특함이 있는 나무이다. 매일 보던 나무였는데 또 눈에 들어온다.

우리의 뇌는 적당한 속도로 걸을 때 차분하게 생각할 수 있게 도와준다고 한다. 스트레스를 받을 때 가벼운 산책을 하는 것은 좋은 방법 중 하나라고 했다. 일명 '걷는 명상'이다. 집 앞 산책길은 천천히 걸으며 집중하기에 좋았다. 나는 무의식적으로 걷는 명상을 하고 있었던 것 같다.

미트라와 즐겁게 대화를 나누다 문득 한 동생이 떠올랐다. 나는 그 당시 친하게 지내던 그 동생과 재미로 사주를 보러 갔다. 그때 나의 사주에서 음양오행은 목(木)이라고 들었다. 큰 나무여서 상대방에게 그늘이 되어준다고 했다. 그래서 금(金)이나 수(水)의 기운과 조화를 이룬다고 했다. 그런데 반대로 같이 온 동생의 사주는 토(土)의 기운을 많이 가지고 있어서 나 같은 목(木)이 필요하다고 했다. 그때는 웃어넘기고 말았는데 동생과 서로서로 의지하며 지냈던 걸 보면 정말 그런가 싶다. 알게 모르게 우리는 서로를 보완해 주거나 필요로 하는 사람들과 함께하는 것 같다. 나는 그녀의 재기발랄함을 좋아했고, 동생은 나의 차분함을 좋아했다.

"신성함이 우리에게 일어나게 해야 합니다."

강사의 수업을 들으며 주변을 둘러보았다. 전 세계에서 온 사람들이 있다. 언어와 인종, 국적은 달라도 모두 다 같은 뜻을 품고 이곳에 모였다. 이곳은 하나 됨이 있는 곳이었다. 말은 안 통해도 따뜻한 포옹을 하면서 인사를 나누거나 같은 수업을 들으면서 금세 친구가 되었다. 친구가 생긴다는 건 정말 즐거운 일이었다.

두 번째 인도 여행에 와서 만난 벨기에 사람 에바는 나의 첫 외국인 미트라였다. 그녀는 밖에서 마주치면 언제든 나와 포옹을 했다. 그녀는 밝은 인상에 항상 기분이 좋았다. 그래서인지 두 팔 벌려 포근하게 안아주던 그녀를 한국에 돌아가서도 잊지 못할 것 같았다. 그녀를 통해서 어디에 있든 혼자가 아니며 늘 사랑받고 있음을 느꼈다.

모든 곳에 나라야나가 있다. 인도에서 만난 미트라였고, 지난 힘든 시절을 의지하던 동생이었고, 깨달음을 준 나무이기도 했다. 우리는 매일 신성함을 마주하고 신성과 함께한다. 나라야나는 우리 주변에 있다. 내가 가지고 있기도 하다.

우리의 손길이 닿는 모든 사물들이 각자의 역할에 충실하다. 그래서 모든 존재하는 것은 신성하다는 걸 느낀다. 신성하다는 건 고결하고 손댈 수 없는 것이 아닐지도 모른다는 생각이 들었다. 매일 함께하고 싶은 소중한 것들이었다. 그사이 우리는 다음 수업을 위해 15분 휴식을 맞았다. 오늘도 나라야나를 품으며 하루를 시작한다. 벌써 수업이 이틀 남았다는 아쉬움이 든다.

Karma, 카르마

"우주가 어떻게 기능하는가, 오늘 배우는 건 카르마에 대한 것입니다. 카르마는 우리가 감정과 행동, 말로 지은 걸 받는 겁니다. 열매를 맺는 것입니다."

우리는 카르마를 불교에서는 업이라고 말하기도 한다. 불교에서는 업장을 소멸하는 것을 보시를 통해 선한 일을 하면 가능하다고 보고 있다. 순수하게 좋은 뜻으로 행한 일에 누군가가 도움을 받는다면 훗날 있을지 모르는 어려움에서 쉽게 빠져나온다고 한다. 그게 다른 말로 기적이고 복으로 돌아오는 것이다.

살아생전 어떤 삶을 살고 어떤 업을 짓느냐에 따라 삶과 죽음을 되풀이한다고 보는 윤회, 산스크리트어로 삼사라(Smsara)는 우리에게 많은 것을 시사해 준다. 그러한 윤회를 보고 일부 인도 사람들은 '카르마'라 표현한다.

인도에는 수많은 신이 존재한다. 그중 대표적으로 꼽을 수 있다면 시바, 비슈누, 브라마가 있다. 브라마는 창조, 시바는 파괴, 비슈누는 유지라고 한다.

상위계층은 비슈누를 좀 더 선호하고, 하위계층은 시바신을 따른다고 한다. 하위계층이 시바신을 따르는 이유는 불행과 가난, 배고픔, 역병을 브라마가 창조한다고 생각하기 때문이다. 그런데 그 고통을 끝내주는 게 시바이기 때문에 그를 숭배한다고 한다.

이런 것만 봐도 각 계층이 추구하는 성격이 담겨져 있다. 그리고 계급 속에서 반복되는 윤회의 고리를 끊고자 한다.

우리는 사람들과 이야기하다 장난삼아 이렇게 말하기도 한다. "너 그러다 부메랑 맞는다"라고 말이다. 오늘 수업에서 그 말을 듣게 됐다.

"반드시 돌아옵니다. 누군가에게 강한 감정과 말을 품으면 그와 비슷한 말을 또 다른 누군가에게 듣습니다."

"내가 누군가를 쓸모없게 보면 며칠, 몇 달 내 나를 쓸모없게 보는 말이 나에게 돌아옵니다."

"당신이 상대에게 준 감정, 말, 행동이 나에게 돌아오는 걸 알아차려야 합니다."

영어 표현으로 "Definitely come back"이라며 연이어 강조하는 그의 말에 가슴이 뜨끔해졌다. '왜 나를 상처 주는 사람들이 있을까?' 생각해 본 적이 있었다. 그런데 상처를 받았다고 생각하기 이전에 상대에게 상처를 준 것이 없는지 생각해 봐야 한다는 통찰이 올라왔다.

내가 피해자라는 의식에 마음이 깊이 사로잡혀 있으면 그 상처 안에서 우리는 열등한 선택만 반복할 뿐이다. 생각으로도 카르마를 지을 수 있다는 그의 말을 이해할 수 있었다.

강의 내용은 꽤 일리 있는 말이었다. 언론에서도 누군가를 아프게 한 사람이 나중에 처벌받는 걸 보면 말이다. 카르마의 열매는 익고 있는 중일 수도 있겠다는 생각이 들었다. 때가 되면 마주할 뿐이다. 그래서 선하게 살라는 옛말이 나온듯싶다.

"여러분, 여러분이 뿌린 것은 수십 배로 돌아옵니다. 좋은 것이든 나쁜 것이든 강도가 다를 수 있습니다. 작은 도움이 큰 도움으로 올 수 있고, 작은 나쁜 행동이 큰 사건으로 내게 올 수 있습니다."

나는 곧바로 인과응보, 사필귀정이라는 사자성어를 떠올렸다. 뿌린 것은 몇 배로 돌아온다는 단호한 어조가 명상홀 안을 가득 메운다.

"세바는 아주 중요합니다. 다른 사람들의 고통 상태를 벗어나게 해주는 게 가장 큰 기여입니다. 사람들을 도와야 하죠. 나의 노고도 기여하고, 세바도 기여해야 합니다. 그리고 당신의 삶을 성장시킬 겁니다."

세바는 우리말로 기여와 봉사라는 뜻이다. 그의 말을 들으니 자기 자신의 목표를 충족한 사람은 주변을 살피고 더 나아가 주변 사람들을 이롭게 하는 일을 하고자 한다는 걸 알게 된다.

우리는 서로에게 기여하며 살아가고 있다. 어떤 부자나 기업은 막

대한 기부로 세상에 기여를 하고, 어떤 이들은 마음을 내어 어려운 이웃에게 자원봉사를 가기도 한다. 힘든 사람에게 따뜻한 위로를 건네는 것, 좋은 일에 함께 축하해 주는 것도 타인에게 기여하는 것임이 분명하다.

나를 진정으로 사랑하다 보면 우리는 다른 사람을 배척하고 살 수 없다는 것을 알게 된다. 상대에게 사랑을 주는 것을 통해 조건 없는 사랑을 배우고 성장한다. 나에게서 시작한 사랑이 진정 아름다울 때는 순수한 봉사와 기여를 할 때인 것 같다.

나는 카르마를 달리 보기로 했다. 배워야 할 것이 있기 때문에 나를 찾아온 것이다. 과거에 선택한 것들이 나에게 다시 돌아온다. 그리고 일련의 사건들을 통해 카르마도 나의 책임이라는 걸 보게 된다. 그런 알아차림이 우리를 내적으로 성숙한 사람을 만드는 것 같다.

같이 온 일행 중 한 명이 인도에 왔을 때 겪었던 에피소드를 꺼냈다. 그녀는 많은 사람이 부탁한 호마 비용을 옷깃 깊숙이 안쪽에 넣고 혼자서 택시를 타야 했다고 했다.

여자 혼자 다니기 힘든 인도 치안 상태를 고려할 때, 자신의 상황이 매우 위험하게 느껴졌다고 했다. 우여곡절 끝에 혼자서 택시를 타고 가는데 운전기사가 Chai, 차이(인도 전통 밀크티)를 먹고 가자고 말을 걸었다고 한다. 순간 자신에게 나쁜 일이 생길까 두려움에 휩싸인 그녀는 속으로 이렇게 말했다.

"나의 카르마라면 받아들이겠습니다."

그런데 운명은 다른 사람들을 위해 일을 하는 그녀에게 깜짝 선물을 주고 싶었던 것 같다. 운전기사가 그녀를 데리고 가서 사준 Chai, 차이는 이제까지 먹은 것 중에서 가장 맛있었다고 한다. 그리고 그녀는 기사와 아무 탈 없이 즐겁게 캠퍼스에 도착했다. 덧붙여 운전기사에게 Chai, 차이를 얻어먹은 경우는 자신밖에 없었다고 한다.

나는 그녀가 가지고 있는 감정을 공유한 것 같은 기분이 들었다. '해를 당할지도 모른다'라는 두려움이 있었다. 그녀는 운전기사를 통해 그 공포를 느꼈을 것이다.

우리는 스스로가 품은 내면의 감정을 통해 외부 세상에서 상황과 사건 그리고 적합한 인물을 끌어당긴다. 그리고 무수히 많은 카르마를 해소하고 때로는 카르마를 만들기도 하는 것 같다.

강사가 어느 수업시간에 "고통의 상태는 정당화될 수 없다"고 말한 것이 갑자기 떠올랐다. 부당하고 끔찍한 사건이 일어나더라도 고통의 상태를 변명하지 말자는 것이었다. 나는 고통을 정당화하지 않는다는 말이 가능하기나 한지 잠시 의문이 들었다.

우리는 끊임없이 마음속의 눈을 감고 외부 세상의 눈에 충실하다. 보여지는 것에 즉각적인 반응을 한다. 그런데 반응을 멈추면 고요가 찾아온다. 고요 속에서 흐름을 관찰하고 답을 찾을 수 있다. 그래서 그가 말한 의미에는 삶의 균형점을 찾기 위해 끊임없이 내면 세상으로 시선을 돌리라는 뜻이 담겨있을지도 모른다.

철학이라는 의미는 고대 그리스어로 '지혜를 사랑하는 것'이라고 한다. 옛적에 우리는 지혜로워지고 싶은 학문, 현명해지고 싶은 학문을 연구했다. '왜?'라는 근원적인 질문을 통해 본질을 캐내는 작업은 사물이나 나 자신을 알아갈 수 있는 최적의 방법이었기 때문이었다.

한때 우리 사회에 불었던 인문학 열풍을 생각하게 만든다. 속도를 늦추고 무엇이 중요한지 뒤돌아보게 되었다. 헤아리고 살피는 것은 곧 사유(思惟)하는 일이다. 카르마, 우리를 사유(思惟)하게 만든다.

지성과 안정감, Vidiya Lakshmi
(비디야 락쉬미)

이마에 위치해 있고, '아그니아 차크라'라고도 불리기도 하는 '비디야 락쉬미'는 지성과 지력을 대표한다. 힌두인들은 Aum(아-오-음)으로 챈팅한다. 이곳은 직관력이 있는 곳이다. 우리는 살다 보면 왠지 무엇을 해야 할 것 같다거나 반대로 하지 말아야 할 것 같은 예감을 느낄 때가 있다. 그러한 본능은 생생하고 뚜렷한 느낌이기에 쉽게 무시하지 못한다는 특징이 있기도 하다. 그래서 직관력은 매우 강한 예감이자 살아있는 지성이다.

"모든 곳에 경의가 있었고, 즐거움이 있었습니다."

우리를 바라보는 눈빛이 포근하게 느껴졌다. 오늘은 지성이 있는 나를 만나는 시간이었다. 강사의 좋은 수업에도 불구하고 나에게 우울한 기분이 올라왔다. 그 꿉꿉했던 기분은 내심 무언가로부터 반항하게 만들었다.
그 감정과 머물다 보니 오래 묵혀둔 기억 중 일부가 파노라마처럼 스쳐 지나갔다. 자책이었다. '내가 왜 그랬을까?' 하는 후회가 섞인 자책, 그것은 죄책감의 일종이기도 했다. 그리고 또 다른 말로 고통이기도 하다.

우리는 힘든 일을 경험하고 떠올릴 때 알게 모르게 자책을 하기도 한다. '무엇을 잘못했을까' 묻는 것과 동시에 어려운 시간을 통해 배우게 되었다고 말한다. 그런데 이곳에 와서 새롭게 깨닫게 된 사실이 있다. 고통의 상태에서 새로운 도약은 지양해야 한다는 것이다.

지성은 '지각을 통해 얻은 새로운 인식의 정신 작용'이라고 한다. 그 뜻은 이성적이고 합리적인 사고를 한다는 것일 수 있다. 지적인 사고로 상황에 적응하고 문제를 해결하는 자각인 것이다. 그 예로 우리는 무언가에 최선을 다하다 차선을 생각하고 나쁘면 최악을 대비하기도 한다. 모두 다 지성의 활동 결과물이다. 그래서 지성은 안정감을 지향하기도 한다.

나는 지성 안에 신념이 있다고 본다. 상황에 따라 바뀔 수 있는 유연성을 가진 신념이다. 그래서 바뀔 수 있는 가능성이 늘 존재한다.

우리는 바라고 추구하고 소유하는 것을 따른다. 그 원동력은 우리를 앞으로 나아가게 만든다. 그래서 불안정하지만 결국 스스로가 원하는 길을 선택할 것이다.

지금을 사는 만물 어느 것도 멈춰있거나 영원한 것은 없다. 우리는 계속 변화하고 움직이고 있다는 걸 보게 된다. 그래서 지성은 획일화된 공통된 답을 내릴 수 없는 것이다. 오늘 적용한 답에도 새로운 상황과 관점에 따라 다양한 답이 나오기 때문이다.

그래서 지성 안에 파괴가 있고 실존이 있다. 양극의 신념들이 조화를 이루고 있다. 무엇이 나쁘다고 할 수 없었다. 그저 있을 뿐이었다. 부조화 안에 조화가 있다. 조화 안에 부조화가 존재한다. 우리는 상황에 맞게 유동적으로 합당한 대응을 선택할 뿐이었다.

변화에 맞춰서 선택할 수 있는 신념, 깨어있는 지성은 결국 원하는 것에 집중할 수 있는 지성인 것이다. 머리가 맑아졌다는 말도 같은 맥락인 듯싶다. 즉 이로운 선택을 할 수 있는 지성이 트여있는 것일지도 모른다.

우리는 지성에 대해서 가슴으로 연결되는 법을 배웠다. 머리로만 아는 제한된 지식이 아닌 가슴도 함께 공명하는 것이다.

어느덧 서른을 훌쩍 넘는 나이가 되었다. 서른, 나이를 이르는 말로는 이립(而立)이다. 공자는 《논어》의 〈위정〉 편에서 '삼십이립(三十而立)'이라고 했다. 서른에 삶의 기초를 이룬다는 뜻이다.

"언니, 서른 되면 어때요?"

연말이 지나고 친하게 지내던 동생이 물었다. 그래서 나는 웃으면서 답했다.

"똑같아. 달라진 게 없어."

내 마음은 20대처럼 변함이 없었지만 전산으로 업무를 보는 관공서에 가면 공식적인 나이가 드러났다. 아무렴 어떤가. 우리가 항상 20살일 수는 없다. 누구에게나 삶의 기초를 이루는 문턱에 서있을 때가 있을 것 같다. 이는 가정과 사회에 기반을 닦고 일어서는 것이기도 하다.

세상은 우리에게 자립해야 한다고 말하고 있었다. 하지만 각자 인생의 이야기와 그 무게에 따라서 이를 맞이하는 감정은 천차만별일 것이다. 나는 쓸쓸하게 조금은 덤덤하게 받아들였다.

문득 지나간 것을 생각할 때 미소가 지어졌다. 쓴웃음도 아니었고, 그땐 그랬지 하며 회상하듯 웃는 것도 아니었다. 나는 새로움을 발견했다. 홀가분하고 잘 살 수 있을 것만 같은 즐거움이었다. 한 발자국 내디뎠다는 자신감과 확신, 건설적으로 좋은 에너지를 주는 사람들을 만나야겠다는 충족감이 내면에서 올라왔기 때문이다.

다음 과정에 들어가겠다고 말하는 강사를 바라봤다. 이제 내 안에 있는 비디야 락쉬미와 하나가 되는 시간이다. 나는 눈을 감기 전에 떠오르는 생각을 관찰했다. 세상 고통에 눈을 감은 평온은 무의미하거나 회피일지 모른다는 것이다. 눈을 감았을 때의 안락함만을 추구하는 것은 결국 직면해야 하는 현실을 외면하는 것이기도 했다.

'삶에 전념하라'라고 메시지를 보내준 지난 세월의 흔적들이 고스란히 내게 다시 다가오는 것만 같았다. 나를 비롯한 우리 모두가 지성을 일깨웠다는 건 큰 의미였다.

그날 밤 인도 밤하늘에 별이 보였다. 밤이 아름다우면 우리는 감수

성에 빠지곤 한다. 별이 빛나는 모습을 보고 나는 몇 해 전 예쁘다고 샀던 은색 별 귀고리를 보는 것 같아 반가웠다. 별 귀고리는 작았지만 우아하게 나를 빛내주니 참으로 고마운 소품이 아닐 수 없었다.

가슴속에 새겨보게 된다. 우아하고 기품 있는 별 귀고리처럼 내 지성도 언제 어디서나 나를 지지해 주고 밝혀주길 바라는 마음을 말이다. 나를 포함한 우리 모두가 빛날 수 있길 소망해 보았다. 별이 유난히도 총명하게 예뻐 보였다.

부의식과 부조화

"모두들 행복한가요?"

그녀의 질문에 명상홀 안의 사람들 표정이 환하게 밝아진다. 잠이 들 것만 같은 노곤함을 간직하고도 수업에 열심히 임하는 사람들의 자세는 나까지 고무시켰다. 평생 앉은뱅이가 갑자기 서게 됐다는 경험은 아쉽게도 아직 귀에 들리지 않는다. 하지만 그에 못지않은 기적이 일어날 것만 같은 느낌이 드는 하루의 시작이었다.

잠들기 전 나는 혼자서 노트에 글을 적어보기도 하고 사람들과 이야기를 나누며 하루를 마감하곤 했다. 그리고 숙소의 푹신한 침대에 누워있으면 금세 잠이 들었다. 매일의 일과를 마치고 자기 전 마음을 정리하는 작업, 우리는 알게 모르게 자신을 격려하는 법을 행하고 있다.

"이름이 무엇입니까?"

갈색 머리 외국인이 그녀의 이름을 묻는다. 열심히 무언가를 적는 그녀는 강사의 이름도 꼭 알아야 하는 열성적인 학구열을 가지고 있다.

"제 이름이요? 하하…"

여자 선생님이 쑥스럽게 말하자 같이 수업을 듣는 사람들도 웃음이 터졌다. 따뜻하고 기분 좋은 분위기에 절로 함박 미소가 지어진다. 포근한 여유를 가질 수 있는 명상홀은 우리에게 많은 것을 내어주고 있었다. 그래서인지 나도 여느 건축가 못지않게 명상홀에 애정이 생긴다.
그녀의 수업이 시작됐다.

"이것은 다른 원칙이기도 합니다. 노력이 결과를 주는 것이 아닙니다."
"부는 의식 그 자체입니다. 비전을 갖는 것, 나와 부와의 관계가 어떤가? 어떻게 부를 원하고 있나? 생각해 보아야 합니다."

누구나 부자가 되고 싶어 한다. 자본주의 사회에서 경제적인 자유가 주는 즐거움과 혜택이 실로 무한하기 때문이다. 하고 싶은 대로 살 수 있다는 것은 사람답게 지내고 싶은 권리와 연결되어 있다. 우리 사회에서 일었던 최저임금 논란도 인간으로서 누릴 수 있는 최소한의 생활을 보장받기 위한 것이었다.
현대인의 생활상은 손해 보지 않는 삶, 저비용 고효율을 추구하고 있다. 그래서 우리는 부에 대한 이상향을 그리고 부를 축적하는 현실에서 살고 있기도 하다.

우리는 매일 딜레마 속에 있다는 걸 느낀다. 성실하게 일하는데 왜 가난할까? 항상 그런 점이 궁금했다. 그런데 이곳 수업을 들으면서 부를 창조하고 보유하는 능력은 나와 돈이 맺는 관계에 달려있다는 사실을 알게 되었다. 그래서 같은 돈이 사람마다 다른 방식으로 경험되고 있는 것 같다.

부는 스며드는 성향이 있다고 한다. 인도말로 '나나얌'이라고 부른다. 진실성을 의미하는 것이다. 진가를 알아보면 가치가 오르고, 진가를 알아보지 못하면 가치는 낮아질 수밖에 없다. 소중히 여기지만 자유로운 관계야말로 돈과 건강한 관계를 유지할 수 있다는 걸 느낀다.

돈을 버는 것에는 나의 동기가 필수적일 것이다. 특히 두려움과 생존의 상태가 아닌 즐거움의 상태에서 의도하고 행동한다.

회사를 다닐 때 신기한 점이 있었다. 똑같이 일해도 누군가는 재미있다고 생각하는 일이 다른 이에게는 싫은 일이었다. 재미가 있다고 말한 사람은 회사를 오래 다녔다. 일터에 대한 적성도 있어야 하지만 무엇보다 재미를 느끼는 게 가장 중요한 것 같다.

그녀는 진지하게 이야기를 이어나갔다.

"여러분, 부조화의 뿌리는 자신과의 부조화 때문입니다. 조화는 완전하죠. 자신을 사랑하는 것입니다. 나에 대해 어떻게 생각할까? 라고 생각하는 것은 자신의 한 면을 사랑하지 않고 싫어하는 것입니다."

"이러한 조건화로부터 의식을 정화하는 과정을 진행합니다."

많은 사람들이 자신을 사랑하라는 말을 강조한다. 자신을 사랑한다는 것은 정말 어떤 것인가. 비난하지 말고 판단하지 말라고 하지만 쉬운 일은 아니었다. 우리는 여전히 마인드의 판단 속에 있기 때문이다. 그래서 자기 사랑은 완전한 수용이기도 했다.

우리는 자기 사랑을 통해 의식의 많은 면을 마주하게 된다. 그래서 언제든지 그 안에서 부가 만들어지고 한순간 시들 수 있는 것 같다.

"내가 어떤 부조화 상태에 있었는지 살펴봅니다."

명상홀 안에 불이 꺼지고 체험하기 과정이 진행된다. 이 체험은 이루고 싶었던 것을 보는 작업이었다. 뭉클한 감정이 가슴속에서 피어오른다.

많은 돈을 벌고 명성을 얻고 싶어 했던 지난 26살 때로 돌아가 보았다. 그동안 전력 질주를 해왔지만 손에 잡힌 게 없어 절망하던 지난날의 내가 가여운 마음이 들기도 했다. 눈물이 흘렀지만 슬프지 않았다. 오히려 개운한 느낌이 들었다.

과정이 끝난 뒤 쉬는 시간이 주어졌다. 나는 옆에서 자고 있던 미트라를 살짝 흔들어 깨웠다. 기분 좋은 마음이 올라와서 그랬을까. 아이가 된 듯 그녀에게 다가갔다. 그러자 나를 보며 말한다.

"좋아 보여. 잘된 것 같다."

우리는 명상홀 바깥에서 함께 담소를 나눴다. 아담한 체구의 미트라는 춤을 잘 췄다. 과정이 끝나면 춤을 추는 시간이 꼭 있었다. 우리가 마음에서 느낀 것을 몸으로 표현하는 시간이자 나를 드러내는 것이기도 했다.

미트라는 볼 때마다 매 순간을 즐기고 있었다. 그래서인지 그녀를 보는 것만으로도 웃음이 났다. 나중에는 같이 춤을 추다 눈이 마주치면 나는 그녀를 보는 재미에 빠져 웃고 있었다.

지난 여정 때 만난 미트라가 생각난다. 나만큼 수줍음 많고 차분하고 내성적인 사람이었다. 그런데 이번 미트라는 외향적이고 즐거운 사람이었다.

앞으로의 나의 삶이 풍요로운 관계와 부를 만들 뿐 아니라 원하는 일들이 바뀌게 될 수도 있다는 것을 암시해 주는 것만 같았다. 내적으로 달라진 나에게 잘 어울리는 사람과 짝이 된 것이다. 다음에는 내가 누군가에게 즐거움을 줄 수 있는 사람일 수 있겠구나 자연스레 생각할 수 있었다.

이곳에 와 머물며 의식이 만물의 실체이고 진동하는 에너지라는 사실을 실감하게 된다. 생각이 많고 신중한 나에게 친구가 했던 말이 떠오른다.

"민아야, 구하면 받을 것이고 찾으면 찾을 것이고 문을 두드리면 열릴 거야."

마지막 아침

"내일 아침 일찍 우리는 에캄에 갑니다. 여러분에게 이번 과정에서 제일 중요한 작업을 하게 됩니다."

아침은 조금 일어나기 힘든 시간이었다. 전날의 긴장과 피로가 알게 모르게 쌓여있었다는 게 큰 원인일 것이다. 그래서 나는 어디선가 들었던 정신직인 두뇌 활동은 많은 신체적 소모를 뒤따르게 한다는 속설을 쉽게 떠올릴 수 있었다.

우리에게 멀게만 느껴지고 오지 않을 것만 같던 마지막 날 아침이 캠퍼스에 도래했다.

우리는 버스를 타고 에캄으로 향했다. 에캄의 아침은 아주 고요하고 아름다웠다. 태풍이 휩쓸고 간 자리에 다시 평온이 오듯 찾아온 이들의 마음에도 평화를 맞이했다.

갑자기 나의 가슴에 뜨거운 통증이 올라온다. 그 느낌은 매우 뜨겁고 강렬한 것이었다. 마치 펄펄 끓는 용광로가 있는 것만 같았다. 폭발적인 감정이 잔잔한 호숫가에 돌을 던진듯했다.

도착한 지 6일 정도 지났을 무렵이었다. 나는 이곳 강사에게 물었다.

"지난번에 왔을 때는 정말 많이 울었습니다. 그런데 이번에는 슬프지 않습니다. 제가 잘하고 있는 건지 모르겠습니다."

그는 나의 질문에 이렇게 답했다.

"어떤 통찰이나 깨달음이 있었나요?"
"네, 그건 있는데 이렇게 차분해도 되나 싶어서요."
"그럼 충분합니다."

"That's Enough"라는 확신에 찬 말과 그의 눈빛에서 나는 안심해도 된다는 메시지를 읽었다. 무의식적인 관념 중에 울어야 정화가 잘되는 거라고 믿는 게 있었던 것 같다.

좋은 일이든 나쁜 일이든 덤덤하게 받아들이며 흘려보낼 수 있는 평정심. 감정 기복이 있던 나에게 인도가 '평정심'이라는 선물을 주었음을 깨닫게 되었다. 지나고 나서야 볼 수 있는 것들. 이제야 가까스로 '나'를 볼 수 있게 됐다.

마음에 둔 것을 말이나 몸짓으로 표현할 수 있다는 것은 사람으로 태어나서 누릴 수 있는 영광인 듯싶다. 신이 우리를 통해 알고 경험하고 싶어 하는 것이기 때문이다. 세월의 흐름에 열매가 여물듯이 우리도 많은 경험을 통해 성숙해진다.

그와의 대화를 끝으로 마지막 그룹 미팅을 진행했다. 그는 우리를 보며 말했다. 한국에 돌아가면 세바(봉사)를 많이 하라는 말이었다. 다른 사람의 고통 상태를 벗어나게 해주는 게 가장 큰 기여라고 했다. 그의 속내에는 우리를 향한 따뜻하고도 간절한 마음이 서려있었다.

한국으로 돌아가는 비행기를 타면서 인도 첸나이 공항에서 만난 한국 사람들이 반가웠다. 그리고 이미 세상 속에서 우리는 서로 돕고 있음을 느낀다.

우리에게 10일은 짧고도 긴 여정이었다. 인도를 떠나는 발걸음이 아쉬웠다. 혹시라도 나중에 오게 된다면 좀 더 달고 잘 익은 열매를 가지고 오고 싶다는 마음이 올라왔다. 누가 봐도 탐스럽게 피어난 자신을 데리고 말이다.

"회자정리(會者定離)거자필반(去者必返)"

만남에는 반드시 헤어짐이 있고, 떠난 것은 언젠가 돌아온다.

새로운 시작, 모든 것은 변한다

용서. 새로운 출발을 알리기 전 찾아오는 이정표이다. 새로운 도약을 하기 전, 우리는 지나간 사건과 사람에 대한 기억과 화해하는 순간을 맞이한다. 감정적 불편함에서 해방될 때 비로소 진정한 자유를 맛보기 때문이 아닐까 싶다.

용서란 쉽게 할 수 있는 것도 아니지만 그렇다고 해서 어려운 일도 아닌 것 같다. 이미 떠난 대상에 대한 부정적인 감정을 내려놓을 수 있다면 우리는 또 다른 인생을 맞이할 준비가 된 것이다.

이곳을 방문하고 난 뒤, 나에게 일어났던 일련의 사건들이 한가지 면의 관점에서 목격하거나 경험했다는 것을 깨달았다. 그리고 화, 죄책감, 슬픔, 피해의식은 독으로 작용해 그 어떤 도움도 되지 못했다.

긴 시간 동안 나 자신을 힘들게 한 사람은 나라는 사실을 알게 된다. 그래서 놓아줄 때가 되었다는 걸 가슴으로 느꼈다. 정확히, 그 당시의 나를 돌아보고 새로운 출발선상에 서있는 나를 맞이하는 행위이기도 했다.

나는 다음 단계의 여정으로 가기 위한 발걸음을 한 발자국 내디뎠다. 성장을 선택한 나를 다독인다. 이제는 괜찮다고 말하고 싶다. 그리고 나에게 긍정적인 결과를 주는 선택을 더 많이 하고 싶어졌다. 나와 주변 사람들의 발전을 위해서 말이다.

"민아 씨는 운이 좋아."

어느 날, 차를 같이 탄 일행이 내게 말했다. 차가 필요한 순간이었는데 지금 일행이 내게 전화를 한 것이다. 언제부터인가 나에게 호의적이면서 그때 상황에 맞는 귀인이 나타나기 시작했다.

운이 없는 것 같다고 여긴 적이 있었는데, 속생각을 들여다보면 생각이 만들어 낸 허상이었다. 이곳을 다녀온 후 일상의 사소한 것부터 이전과 다른 변화가 느껴진다. 더 이상 치료가 힘들다고 들었던 피부 이식 수술 흉터도 치료받을 수 있는 병원을 만나게 된 것을 보면 말이다.

운. 그러고 보면 일을 진행할 때 필요하다. 모든 일에는 실력과 노력뿐 아니라 예상외로 운도 따라줘야 하기 때문이다.

운칠기삼(運七技三). 어떤 큰일을 도모할 때 운이 70%이고 자기 실력이 30%라는 뜻이다. 노력이 중요하다고 말하는 사람에게는 반감이 들 수 있겠다. 뜻밖에 다가온 행운. 하지만 우리는 안다. 운이라는 것은 가장 적절한 시기에 찾아오는 타이밍이라는 걸.

인생의 기회가 3번이라고 한다. 하지만 기회는 늘 있는 것 같다. 고민을 하다 보낸 것도 있고, 기회인 줄도 모르고 보낸 것도 있었다.

또 운명은 생각지도 못한 방법으로 새로운 적성을 발견하게 하고 낯선 길을 선택하게 만든다.

나에게 백화점 일이 그랬다. 생계를 위해 일을 하다 판매에 재미를 붙였다. 사회에 나와 공식적인 상을 받아본 적이 없는데 처음으로 대표로 나가 상도 받아봤다. 매장 중에서 가장 친절해서 주는 상을 받다니, '불친절한 민아 씨'라며 나를 놀리던 대학 동기들이 생각나 입가에 웃음이 지어졌다.

그리고 나에게는 전에 없던 마음의 변화가 생겼다. 마음의 여유가 채워지기 전 그 자리는 집착이 있던 곳이었다. 그런데 원하지 않아도 좋고 현재가 행복하니 오매불망 바라던 일이 찾아왔다. 엄청 좋을 줄 알았는데, 또 그것도 아닌 기분이다.

'내려놓는다는 게 이런 거구나.'

내려놓음. 그 말의 진실은 불안한 마음을 내려놓는다는 의미였다. 이론과 실제가 다르다더니 체험을 통한 공부는 의미가 남다르다. 그래서 뭐든 부딪쳐 봐야 한다고 말했나 보다.

어렴풋이 느낀다. 사람마다 공부 방식이 다르다는 사실이다. 선택한 운명도 다르듯 저마다 얻는 시행착오 역시 동일할 수 없다는 깨달음, 나는 나에게 맞는 방식이 왔다는 걸 알게 되었다.

커스텀(Custom), 특별한 방식으로 설계되는 걸 말한다. 주문자의 상태에 맞는 처방전이 나간다. 우리 모두 각자의 삶에 책임을 지는 커스텀을 한다. 이 세계는 그 누구도 보잘것없는 사람이 없었다.

조선 숙종 때 김만중이 지은 고전소설인 《구운몽》은 인간 세상이

덧없는 꿈이라고 말했다. 양소유와 팔선녀는 속세의 부귀영화를 보여주고, 성진은 진정한 본성이라는 뜻이 담겨있다고 한다. 성진은 부귀영화가 하룻밤의 헛된 꿈에 지나지 않다는 것을 말한다.

하지만 삶은 살만한 가치가 있다. 나의 옆에 있는 사람들을 통해 사랑하는 법을 알게 된다. 우리는 삶의 가치라는 추상적인 의미를 나와 상대를 통해 배우게 되는 것 같다.

태어나 사는 모든 이들은 존재하는 이유가 있나 보다. 돌이켜 보니 모두가 필요한 성찰을 하고 있었다. 그래서일까. 우리에게 있어 성찰하지 않는 삶은 마치 죽은 삶이나 다름없다.

매일 아침, 푸른색 잎사귀가 만발한 자연을 만난다. 하지만 우리는 알고 있다. 다음 계절을 준비하고 있다는 것을 말이다. 지난 시간에 만나온 많은 이들이 눈앞에 아른거린다. 그들 모두 각자의 잠재력을 가지고 피어날 때를 기다리고 있을 것이다.

꽃이 필 타이밍, 꽃이 질 타이밍. 앞으로 나도, 우리의 삶도 계속 될 것이다.

인용

12쪽
칼 세이건, 《코스모스》, 〈Chapter 1. 코스모스의 바닷가에서〉, 사이언스북스, 2006년, 31쪽 인용.
- '다양한 성격이 별들이 우리 은하 안에 4,000억 개 정도 있다.'

12쪽
칼 세이건, 《코스모스》, 〈Chapter 1. 코스모스의 바닷가에서〉, 사이언스북스, 2006년, 46쪽 인용.
- '이것은 '대폭발' 또는 '빅뱅'이라고 불리는 시점에서부터 계산한 우주의 나이다.'

39쪽
네이버 블로그,
https://blog.naver.com/yjc8277/221093546769, '신념은 우리를 구속하거나' 인용.
- '신념은 (우리를) 구속하거나 제한시키는 반면에 경험은 (우리를) 해방시키거나 자유롭게 합니다. 슈리바가반.'

84쪽
람타 스쿨(Ramtha's School of Enlightenment), 한국 코스명 CPR 강의, 2016년 5월 28~29일 인용.
- '의식과 에너지가 현실의 본질을 만든다. 모든 에너지 파동은 잠재적인 사건들을 지니고 있다. 생각—구현—물질, 감정은 화학물질—성찰이 나옴—지혜—마음으로 들어간다. 눈이 보는 것이 아니라 두뇌가 본다. 뉴런이 점화할 때, 두뇌에 있는 정보, 그림과 일치한다.'

192쪽

대한성서공회, 《개역한글성경》, 마태복음 7장 7~8절 인용.

- '구하라 그러면 너희에게 주실 것이요 찾으라 그러면 찾을 것이요 문을 두드리라 그러면 너희에게 열릴 것이니 구하는 이마다 얻을 것이요 찾는 이가 찾을 것이요 두드리는 이에게 열릴 것이니라'

195쪽

네이버 블로그, https://blog.naver.com/lmh1288/221716711623, '회자정리(會者定離)거자필반(去者必返)' 인용.

- 회자정리(會者定離)거자필반(去者必返)

참고 문헌

JOURNEY 1부

인도 오앤오 아카데미, 2017년 8월 8~14일 강의 참고.
〈코스명 Journey into Abundance〉, Level 1

2017년 8월 8일 강의 내용
26쪽
우리 삶에서 중요한 것 세 가지
- 신성의 은총이 흐르도록 해야 한다.
- 영적 상태 경험 / 성장 위해 깨어날 수 있도록 해야 한다.
- 삶에서 부를 가지는 것.

2017년 8월 8일 강의 내용
28쪽
통합의 앎
- 고통을 불러일으키는 감정을 아는 것.
- 감정을 불러일으키는 구조를 아는 것.
- 과거에 원인이 된 감정의 카르마적 결과를 아는 것.
- 그 구조를 계속 붙들고 있다면 미래에 초래될 카르마적 결과를 아는 것.

2017년 8월 8일 강의 내용
29쪽
모든 생명은 두 가지 상태로서 존재한다. 구조로서 또는 움직임으로서 존재, 전 우주는 구조와 움직임의 상호작용.

2017년 8월 9일 강의 내용
35쪽
거절의 상처, 실패에 대한 두려움, 우리가 가진 것을 잃게 될까봐 두려워하는 것, 미래에 대한 두려움, 부정적인 상상으로 투사.

2017년 8월 9일 강의 내용
40~41쪽
- Guilty, 죄책감.
- 자신의 실수와 실패에 대한 죄책감.
- 죄책감은 과거에 묶어둔다.
- 충분히 사랑하지 않고 충분히 도와주지 않는 것에 대한 죄책감.
- 다른 사람보다 더 나은 것에 대한 죄책감, 가진 것에 대해 죄책감을 느끼게 한다. 이런 경우 삶의 축복을 볼 수 없다.
- 죄책감의 상태를 유지할 경우 사랑하는 자신의 길에 장애를 만들어 낸다.
- 죄책감은 당신에게 가장 의미 있는 사람과 멀어지게 만든다. 우리는 많이 가졌음에도 불구하고 외롭게 느낀다. 그리고 화와 우울이라는 껍질 속에 가둬둔다.
- 자신과 벌이는 불필요한 전쟁.
- 자신이 지속적으로 자신을 죽이는 상태.
- 당신이 배우는 것을 멈추게 하고 현실을 부정하게 만든다.

2017년 8월 10일 강의 내용
57쪽
프로그램, 대부분의 문제는 과거 생에서 온다.

2017년 8월 11일 강의 내용
76쪽
철학 선생님이 되는 것입니다. -스리 바가반-

2017년 8월 12일 강의 내용
79쪽
미트라는 산스크리트어로 친구라는 뜻이다. '낯선 사람' 그리고 '새로운 사람'을 의미하기도 한다.

2017년 8월 12일 강의 내용
83쪽
- 의식은 자아에 대한 감각.
- 모든 것이 의식에 현재한다.
- 의식에 혁명이 일어나면 감정과 행동이 변화된다.
- 삶의 상태는 두 가지 상태만 있다.
- 고통스러운 상태와 아름다운 상태.
- 고통 상태는 자기중심 생각이다. '나'의식이라고 말한다.
- 자신뿐 아니라 다른 사람도 파괴한다.
- 외부 상황에서 무엇을 하건 나아지지 않는다.
- 하나의 의식이라는 아름다운 상태에서는 다른 사람과 연결되어 있다.
- 동시 발생이 일어난다.
- 소망을 구현시킬 수 있는 가능성이 열린다.
- 자신이 사랑을 주거나 가져오는 사람인가. 혹은 자신의 감각적인 생각만 하고 있는가.

2017년 8월 12일 강의 내용
85쪽
- 높은 의식 상태는 연결성이 있다. 즐겁고 행복하고 감사하는 마음.
- 고통과 후회, 분노, 화, 두려움, 죄책감들은 낮은 의식 상태. '나'라는 의식에 국한되어 있다. 성공이 제한적으로 들어올 수밖에 없다.

2017년 8월 12일 강의 내용
89쪽
- 고요한 마인드, 멈춤의 예술. 내면에서 서두르지 않는 것이다.
- 고통이 몰려오면 멈추고 그것을 인식한다. 과거로 가는 움직임을 안다.
- 작은 문제를 크게 과장하고 확대한다. '～할지 모르는' 상상. 희생당할 가능성이다. 과거에서 미래로 투사하는 것.
- 지금 느끼는 걸 인식한다. 일어날 수 있는 조용한 성장.
- 고요한 마인드로부터 삶을 경험하는 것.

2017년 8월 12일 강의 내용
89쪽
고요한 마인드 명상 소개
- 등을 곧게 펴고 고요히 앉는다. 움직이지 않는다. 세 번의 의식적인 호흡을 한다.
- 내면의 상태를 인식한다. 불편함을 지켜보기. 과거에 집착하는지 혹은 미래에 투사하는가.
- 미간 중간에 시각화를 한다. 밝은 빛이나 황금빛 불꽃.
- 중간뇌로 들어가는 것을 본다.
- 뇌를 밝은 빛이 비춘다.
- 밝은 빛과 함께 살며시 미소를 지으면서 눈을 뜬다.

2017년 8월 12일 강의 내용
92쪽
- 분리 의식 상태에 있게 되면 창조하고 가진 것을 잃게 된다. 성공을 즐기지 못하게 된다. 이는 기쁨을 즐기지 못하게 된다.
- 영적인 의식은 하나의 의식을 경험하는 것.
- 무엇이 분리되게 만드는가?

2017년 8월 12일 강의 내용
92~93쪽
- 사랑은 다른 사람의 기쁨을 느끼는 것.
- 다른 사람과 연결을 느끼는 것.
- 불평하는 사람은 다른 사람을 느끼거나 다른 사람의 경험을 느끼지 못하게 한다.
- 얼마나 많은 상황을 비난하면서 듣고 보는가. 불평하고자 하는 나의 집착에 주의를 둔다.

2017년 8월 12일 강의 내용
93쪽
- 관계에서 불편한 상황은 상대가 주는 고마움과 친절한 상황을 보지 못하게 한다.
- 상처에 머무는 선택

2017년 8월 13일 강의 내용
94쪽
하나 의식 상태에서는 행복과 충족, 동시 발생, 기적, 평화, 즐거움, 삶의 만족을 느낀다. 무한한 사랑이 우리 삶에 나타나는 것이다.

2017년 8월 13일 강의 내용
96쪽
- 차크라는 내분비선.
- 생식기 쪽에 위치한 첫 번째 뿌리 차크라의 특징은 생존. 잃을까 두렵고 부족함을 느낀다. 어떤 것도 충분치 않다.
- 배꼽 아랫부분에 위치한 두 번째 차크라. '당신보다 더 낫다'며 나를 증명한다. 평화롭지 않으며 진실을 감추고 덮는다. 무언가 성취하고자 하는 것. 어떠한 상황도 나에게 아름다운 상태를 줄 수 없다.
- 세 번째 차크라는 배꼽 윗부분에 있다. 다른 사람에 대한 힘과 지배가 있는 곳, 우등하다는 욕구가 행동하게 만든다. 부를 추구하는 것 뒤에는 보여주고자 하는 정체성이 있다. 거만하며, '나는 내가 옳다', '내 관점이 바르고 내 식대로 일어나야 해'라고 한다. 당신이 누구인가의 문제를 가진다.
- 네 번째 차크라는 가슴. 가슴 차크라는 자신에 관한 것, 즐겁게 기여하고 나누고자 한다. 상대방에게 자비를 느낀다. 사랑은 자신을 사랑하는 것에서 시작하며, 자신을 비난하지 않고 보는 것이다.

2017년 8월 13일 강의 내용
97쪽
- 다섯 번째 차크라는 목. 내면의 균형이 잡힌 상태에서 중심을 잡으며 하고 있는 일, 사랑하는 것 모든 경험의 총합이다.
- 이마 차크라, 무엇이 당신의 삶을 충족해 주는지에 대한 앎을 아는 것. 명료함, 변형을 위한 기여이며 락쉬미(부)의 상징.
- 정수리 차크라. 깊은 연결 속 기여, 즐겁고 자비로운 상태. 주는 것은 다른 사람이 당신의 일부임을 아는 것. 이는 분리되지 않는 앎.

2017년 8월 13일 강의 내용
98쪽
진실을 보는 순간 평화가 있다. 그리고 부와 성취가 있다. 이것은 내면의 여정이기도 하다. 시간이 얼마나 걸리든 타인에 관심 두지 말고 존재의 분산이 없도록 하기.

2017년 8월 14일 강의 내용
107쪽
크리슈나지 질의응답에서
– 갈망과 열정의 차이는 무엇인가?
– 갈망은 두려움의 상태, 원하는 것을 말하는 상태.
– 열정은 힘의 상태, 다른 걸 많이 주는 것.

JOURNEY 2부

인도 오앤오 아카데미, 2018년 8월 12~20일 강의 참고.
〈코스명 Journey into Abundance〉, Level 2

2018년 8월 12일 강의 내용
120쪽
부는 힘, 용기, 건강, 관계, 성공, 지성.

2018년 8월 13일 강의 내용
124~125쪽
조상과의 조화를 가지면 삶에서 장애를 벗어나는 데 큰 도움을 받는다. 재산과 관련한 부의 성취와 실제적 삶의 풍요를 만들어 내기도 한다. 조상이 행복하면 나도 행복해진다. 조상이 한 차원 높은 세계로 가면 축복이 온다. 내가 평화로워지고 느낌이 좋을 때, 그들이 행복하고 편안한 것을 알게 된다.

2018년 8월 13일 강의 내용
127쪽
아디 락쉬미는 태초의 여신이며 우리 의식의 신성한 힘. 이 힘은 제한 없는 의식 속에서 주변과 더 나은 연결이 있게 한다.

2018년 8월 14일 강의 내용
130쪽
완전히 내맡기고 믿을 때 우리는 신성을 만나게 된다. 신성은 알고 있지, 나를 도와줄 거야 하는 믿음.

2018년 8월 14일 강의 내용
132쪽
나는 충분하지 않다는 열등한 마음 상태는 타인에게 증명하고자 성취와 성공에 매달리게 만든다. 자신도 주변 사람에게도 행복을 주지 못한다. 어떠한 상태에서 관계를 맺고, 어떠한 상태에서 부를 성취해야 하는가. 평범한 보통의 삶은 다른 사람들에게 무감각하며 분리의 삶을 살아가는 것.

2018년 8월 14일 강의 내용
133쪽
어떠한 상태에서 부를 창조해야 하는가. 원하는 부와 관계도 전략이 아닌 자기중심적이지 않은 결과가 나온다. 다른 사람에게 고통을 불러일으키지 않는다.

2018년 8월 15일 강의 내용
135쪽
용기를 낸다는 건 가슴으로 살며, 자신을 넘어서서 창조하는 것이다.

2018년 8월 15일 강의 내용
139쪽
보이지 않는 힘이 강력하다. 삶은 드라마의 장소가 아니다. 자신에게 하는 감정적 몰두나 집착, 또 그런 갈등에 사로잡히는 것, 어떠한 결정을 할 수 없는 상태에 있는 것을 말한다.

2018년 8월 16일 강의 내용
152쪽
- 산스크리트어 Eva(에바), Naiva(나에바).
- Eva(에바)는 '나는 항상 좋아', '나는 좋은 사람이야'라고 주장하는 것이다. "나는 이것이야" 하고 자기 선언을 한다.
- Naiva(나에바)는 '나는 결코 나쁘지 않아', '나는 책임감 없는 사람은 아니야', '나는 고집이 센 사람은 아니야'라며 자신의 한 면을 소유하지 않고 부정하는 것이다.
- 오직 하나의 아이덴티티, 한 가지 면에 자주 빠진다.
- 강박적 집착에 빠지고 비판적인 갈등 속에 머물게 한다.
- 죄책감이 있어 다른 사람들에게 완벽함을 요구하기도 한다.
- 모든 경험의 전체에서 하나의 면을 붙잡고 있는 것과 마찬가지이다.

2018년 8월 16일 강의 내용
156쪽
좋은 가치를 지닌다는 건 평가를 주고받는 일을 넘어서는 것이다. 성공에는 만족을 주는 '명료함'이 있어야 한다.

2018년 8월 17일 강의 내용
159쪽
감사한다는 건 삶을 축복하는 의식 상태이자 사랑에 도달하는 가장 빠른 방법이다. 모든 것을 당연히 여길 때, 귀중함을 잃을 때, 감사를 잃을 때 의식도 쇠퇴하게 된다.

2018년 8월 17일 강의 내용
160쪽
서비스를 받는 것에 감사해야 한다. '이용자의 태도'라고 말한다.

2018년 8월 17일 강의 내용
163~165쪽
- 몸은 자신의 지성이 있다. 건강이란 몸이 원네스 상태로 돌아가는 것이다.
- 원네스란 우주 구조의 방식, 자연의 법칙이다.

- 피트니스, 식단과 몸과 마인드의 의식 작용. 의식은 높은 레벨의 알아차림으로 가야 한다.
- 원네스는 우주의 조화. 많은 것들이 조화 속에 역할이다.
- 전체의 조화 속에서 다른 리듬을 택하기로 한 세포가 있다면 반란일 것이다.
- 사람의 세포로 치면 상한 세포이며 이는 암세포가 된다.

2018년 8월 17일 강의 내용
166쪽
몸을 존중하지 않고, 너무나 당연시 여기며 진정으로 돌보지 않는다.

2018년 8월 18일 강의 내용
173쪽
모든 곳에 신성이 있다. 다른 말로 나라야나, 살아있음을 느끼는 것이다.

2018년 8월 18일 강의 내용
174쪽
신성함이 우리에게 일어나게 해야 한다.

2018년 8월 18일 강의 내용
176쪽
우주가 어떻게 기능하는가. 카르마는 우리가 감정과 행동, 말로 지은 걸 받는 것. 열매를 맺는 것이다.

2018년 8월 18일 강의 내용
177~178쪽
부메랑의 원리. 누군가에게 강한 감정 품으면 또 다른 누군가에게 듣는다. 내가 누군가를 쓸모없게 보면 며칠, 몇 달 내 나를 쓸모없게 보는 말이 나에게 온다. 당신이 상대에게 준 감정, 말, 행동 나에게 돌아온다. 뿌린 것은 수십 배로 돌아온다. 좋은 것이든 나쁜 것이든 강도가 다를 수 있다.

2018년 8월 18일 강의 내용
178쪽
세바는 아주 중요하다. 다른 사람들의 고통 상태를 벗어나게 해주는 게 가장 큰 기여이다. 나의 노고도 기여하고, 세바도 기여해야 한다. 내 삶을 성장시킨다. 생각으로도 좋은 카르마를 얻을 수 있다.

2018년 8월 18일 강의 내용
182쪽
모든 곳에 경의가 있었고, 즐거움이 있다.

2018년 8월 18일 강의 내용
183쪽
능력으로써 안정적인 능력과 나아가는 것. 자신감, 확신, 필요한 사람을 느낌.

2018년 8월 19일 강의 내용
188쪽
노력이 결과를 주는 것이 아니다. 부는 의식 그 자체이다. 비전을 갖는 것. 나와 부와의 관계가 어떠한가. 어떻게 부를 원하고 있는가.

2018년 8월 19일 강의 내용
189쪽
부조화의 뿌리는 자신과의 부조화 때문이다. 조화는 완전하며, 자신을 사랑하는 것이다. '나에 대해 어떻게 생각할까?' 라고 생각하는 것은 자신의 한 면을 사랑하지 않고 싫어하는 것이다.

2018년 8월 20일 강의 내용
194쪽
'그룹세션' 한국에 돌아가면 세바(봉사)하기.

20쪽
네이버 블로그,
https://blog.naver.com/handansoo/222342165084, '지혜와 학문의 신 코끼리 신 가네샤' 참고.

46쪽
그림나무 서울 원데이클래스,
https://1daystudy.modoo.at/?link=4gzalelh, '만다라란?' 참고.

59~60쪽
JTBC Content Hub Youtube,
https://www.youtube.com/watch?v=c-0J5V58ExA, '[다큐클래식] 동양 의학 기행 5회-자연에서 배운 과학, 인도의학 / Journey of Oriental Medicine #5-Indian Medical' 참고.

84쪽
케빈 워릭, 《나는 왜 사이보그가 되었는가》, 〈인간보다 더 지능적인 기계〉, 〈공상에 빠진 천재〉, 〈미래를 여는 열쇠〉, 김영사, 2004년, 114~116, 224~227, 476~479쪽 참고.

86쪽
박춘환, 〈말 많은 수능 국어 31번, 전두엽 자극하는 융합 문제〉, '그림 2', 중앙일보, 2018년 12월 15일, 614호 28면 참고.

96쪽
네이버 블로그, https://blog.naver.com/goyohamyoga/222401602252, '[하남요가/미사요가] 고요함요가, 차크라란 무엇인가?' 참고.

116쪽
〈[백성호의 현문우답]붓다를 만나다(17)-붓다, 슬픔에 잠긴 사람들을 보다〉, 종합 27면, 중앙일보, 2017년 12월 07일 참고.

- 겉과 속을 함께 뚫어서 봤더니 아무런 차이가 없었다. 그들의 속성과 붓다의 속성이 똑같다. 그래서 불교는 이렇게 말한다. "너는 중생이 아니야. 너는 본래 부처야."

115쪽
〈[백성호의 현문우답]붓다를 만나다(17)—붓다, 슬픔에 잠긴 사람들을 보다〉, 종합 27면, 중앙일보, 2017년 12월 07일 참고.
- 붓다의 깨달음은 여실지견(如實知見)이다. A를 A로 보는 것이다. 있는 것을 있는 그대로 보고 아는 것이다.

116쪽
〈[백성호의 현문우답]붓다를 만나다(17)—붓다, 슬픔에 잠긴 사람들을 보다〉, 종합 27면, 중앙일보, 2017년 12월 07일 참고.
- 팔리어 경전에는 당시 붓다의 심정이 독백으로 기록돼 있다. "내가 깨달은 이 가르침은 깊고, 보기 어렵고, 이해하기 어렵고, 평온하고, 숭고하고, 생각의 울타리를 초월하고, 미묘하다. 지혜로운 사람이나 알 수 있다. 지금 사람들은 감각적 쾌락에 빠져 있다. 내가 만일 이 진리를 가르친다 하더라도 사람들이 알아듣지 못한다면, 내 몸만 피로하고 괴로운 일이다."

121쪽
이영희, 〈트레저 헌터, 전설과 역사를 좇는다(최근 칠레서 100억 달러 보석 발견… 관심 높아져)〉, 문화일보, 2005년 10월 01일 참고.

127쪽
네이버 블로그, https://blog.naver.com/lumentina/221181664519, '락쉬미 여신이시여, Goddess Power' 참고.

131쪽
김우창, 〈부러워 불행한 상대적 빈곤, 소득만 높인다고 해소될까〉, '경제규모는 10위권, 행복지수는 57위권', 중앙선데이, 2018년 10월 27일, 607호 25면 참고.

167쪽
네이버 블로그,
https://blog.naver.com/nyc77777/110166282731, '1. 진언의 의미' 참고.

170쪽
법륜, 《법륜스님의 금강경 강의》, 정토출판, 2012년 참고.

172쪽
노자, 남만성, 《노자 도덕경》, 을유문화사, 2015년 참고.
- '애쓰지 않아도 저절로 이루어진다.'

176~177쪽
네이버 블로그, https://blog.naver.com/yong3569/221166724291, '해탈은 어디에⋯ 싯다르타, 신성한 강 갠지스에 닿다' 참고.

184쪽
다음 블로그, https://blog.daum.net/asa2008/16162892, '한자로 읽는 고전⟨4⟩삼십이립 사십불혹(三十而立四十不惑)' 참고.